Dos caminos hacia el corazón

Radmila Moacanin

Dos caminos hacia el corazón

La psicología de Jung y el budismo tibetano

Ediciones Luciérnaga

Título original: *Jung's Psychology and Tibetan Buddhism*
Traducción: Montse Castellá

Primera edición: Diciembre 1994

Apartado 14327. 08080 Barcelona
Tel. 343 204 63 41
Fax 343 280 01 79

ISBN: 84-87232-53-1
Depósito legal: B-34904-1994

Fotocomposición: Zero, S.L.
Impreso por Romanyà/Valls
Verdaguer, 1. Capellades (Barcelona)

Impreso en España
Printed in Spain

Agradecimientos

Mi más profunda gratitud y sinceras gracias a mis maestros, Lama Thubten Yeshe y Lama Thubten Zopa Rinpoche, quienes me mostraron el camino hacia otra realidad; al doctor Ira Progoff por introducirme en el mundo de Jung; al doctor Russell Lockhart: con su guía, los horizontes de este mundo multidimensional se extendieron más allá de todas las fronteras; a mi madre, por todo el inmenso apoyo y ayuda que pacientemente me ofreció; a muchos amigos y otras personas, aunque desconocidas, en Europa, Asia, América y África, quienes mediante sus corazones y mentes contribuyeron a la realización de este trabajo de muchas formas diferentes.

Prefacio

El origen de este libro se remonta a Europa, cuando años atrás el maestro budista tibetano Lama Thubten Yeshe viajó a Occidente desde Asia para impartir sus enseñanzas y yo viajé al este desde Estados Unidos para recibirlas.

Un día, en una entrevista privada con él, y conociendo mi interés por Jung, de la forma más inesperada me pidió que diera una charla sobre la psicología de Jung y su relación con el budismo tibetano. Protesté; no me sentía en absoluto preparada y desconocía casi por completo todo aquello. Pero el Lama siguió insistiendo suavemente. Asustada, continué rogándole que me excusara de una tarea tan imposible, pero él fue implacable y no quiso escucharme. Por primera y única vez desde que había conocido a Lama Yeshe, creí realmente que no habíamos podido comunicarnos. Poco podía imaginar lo que ocurriría a partir de entonces...

Más tarde, ese mismo día, me senté tranquilamente con las piernas cruzadas, en el suelo de la sala de meditación, frente a un gran público de estudiantes de Lama Yeshe y procedí a dar la charla. Se convirtió en uno de los sucesos más memorables e importantes de mi vida. Desde ese momento me sentí dominada por el impulso de aprender y experimentar más sobre las dos tradiciones. Me embarqué en este emocionante viaje de Oriente a Occidente y de Occidente a Oriente, y en mi mente cada una de las dos disciplinas se iba complementando, permitiendo una explicación más profunda y enriqueciéndose una de la otra. Como resultado, unos años después nació este libro. Al mismo tiempo, cuando el libro había tomado finalmente forma, Lama Yeshe llegó a California después de una larga ausencia. Le mostré el trabajo e inmediatamente me animó a publicarlo. Una vez más me sentí reacia, pero de nuevo fue una tarea a la que no pude negarme.

Este libro pretende trazar un paralelismo entre el budismo tibetano y la psicología de Jung, abordando similitudes y diferencias entre ambos. El propósito es identificar posibles conexiones, creando así un puente entre algunos aspectos de las tradiciones filosóficas y espirituales, y de los sistemas éticos y psicológicos de Oriente y Occidente.

Uno de los principales problemas que me gustaría investigar es el siguiente: puesto que las dos tradiciones se han desarrollado en momentos históricos diferentes, bajo condiciones socioculturales muy distintas y geográficamente en dos extremos opuestos del mundo, ¿son intrínsecamente tan diferentes, y de valor ético y psicológico sólo para la gente del lugar donde cada una se desarrolló? ¿O es posible reconciliar las dos tradiciones, «juntarlas», permitir una fertilización cruzada, sintetizar y adaptar los hallazgos, métodos y sabidurías de los respectivos sistemas a las necesidades y condiciones de la sociedad contemporánea, más allá de las fronteras geográficas?

Otras preguntas que quiero adelantar para que sean

investigadas son las siguientes: ¿Puede ser peligroso permitir que los occidentales experimenten con estas tradiciones orientales, tan antiguas y profundamente arraigadas? Estos peligros, ¿se deben básicamente al trasplante de una disciplina espiritual de una cultura a otra —de Oriente a Occidente— de la misma forma que, a la inversa, ocurrió cuando la tecnología industrial fue introducida en los llamados países subdesarrollados de Oriente, causando alteraciones en los modelos de vida y trabajo y, en consecuencia, a menudo dañando seriamente el equilibrio psicológico de los individuos implicados? ¿O son estos peligros incluso más fundamentales, como los que conocían los alquimistas y de los que nos advirtieron, diciendo que su *opus* era «como un veneno mortal», lo que significaba no sólo los azares del envenenamiento químico sino también los de las aberraciones mentales?

¿Cuáles son pues, si las hay, las precauciones y salvaguardias en la aproximación al estudio y prácticas de una disciplina espiritual oriental, que ha sido mantenida en secreto durante siglos y sólo recientemente ha sido revelada al mundo occidental?

C.G. Jung, los alquimistas y los budistas tibetanos, ¿han buscado todos la misma verdad: el Sí mismo, la Piedra Filosofal, la Iluminación? ¿Tienen sus trabajos una esencia común que, practicada y entendida correctamente, contiene un valor universal?

¿Hay una coincidencia significativa en la profecía del siglo VIII que dice: «cuando el pájaro de hierro vuele, los tibetanos dejarán su hogar», profecía que se ha realizado en el siglo XX, el mismo que nos trajo a C.G. Jung?

Muchos tibetanos han encontrado un nuevo hogar en Suiza, uno de los lugares, fuera del Tíbet, que más agradable les resulta, mirando a los mismos Alpes que inspiraron a Jung y que son evocadores de su Himalaya, el espacio y el paisaje donde mejor puede meditar y expandirse la mente.

Algunos años atrás, bajo el impacto de las mismas fuerzas que hicieron abandonar su hogar a los tibetanos, yo también tuve que abandonar el mío, y encontré temporalmente un nuevo hogar en Suiza. Ahí nació mi primer interés por las tradiciones místicas orientales. También fue en Suiza donde encontré por primera vez al Dalai Lama. Desde que conocí a los tibetanos, me he sentido muchas veces agradecida, de una forma extraña, a esta fuerza «maligna» que contribuyó directamente a que nos reuniéramos. Esto representó para mí un ejemplo sorprendente de la posibilidad de experimentar la «transformación del pensamiento» que enseñan los tibetanos y una demostración de los aspectos multidimensionales de cada suceso.

Entré en contacto con el trabajo de Jung y con el budismo tibetano de modo muy espontáneo, y en cada caso como resultado de una serie de sucesos sincrónicos. Ambos sistemas produjeron en mí un impacto fuerte e inmediato, y tuve la impresión de que, de alguna manera, debían de estar relacionados de forma profundamente significativa, a pesar de que estuvieran enraizados en tradiciones muy diferentes y se desarrollaran bajo circunstancias externas totalmente distintas.

En este libro voy a tratar de abarcar aspectos generales de la psicología de Jung y del budismo tibetano. Ambos temas son de inmensa amplitud y complejidad, tanto en la teoría como en la práctica, y en las dos áreas han aparecido voluminosas obras. Por ello, mi estudio debe limitarse a ciertas cuestiones que sólo Jung trató y a la relación de la alquimia con sus descubrimientos. En lo que respecta al budismo, el enfoque se centrará en el budismo tántrico y su relación con la psicología junguiana. Sin embargo, difícilmente puedo hablar de budismo tántrico sin situarlo en el contexto más amplio del budismo tibetano en general. Ésta es la forma más racional de dar una visión breve sobre budismo tibetano. La razón para hablar sobre el budismo tántrico y relacionarlo con la psicología de Jung, se basa en mi impresión de que esta forma particular de budismo está más directamente ligada a los temas y problemas que preocuparon a Jung a lo largo de su vida; sobre todo, el proceso de crecimiento de la conciencia y la transformación espiritual. Jung se refiere a ella como «el extraordinario experimento de hacerse consciente, cuya naturaleza reposa sobre la humanidad y que une las más diversas culturas en una tarea común». A pesar de su intrincada complejidad y su naturaleza esotérica, el budismo tibetano es, esencialmente, un sistema psicológico y ético. A diferencia de otras teorías filosóficas y aproximaciones espirituales que nos han llegado de Asia, el budismo tibetano es en gran parte un proceso vivo, que llena el vacío entre nuestros más profundos anhelos por los misterios simbólicos y espirituales, y las demandas de nuestra vida mundana, insistiendo siempre en que el sentido de la vida está en vivirla. Espero llegar a la solución de algunos de los temas fundamentales examinados y deseo que los resultados muestren y señalen interconexiones entre los dos sistemas. Espero ser capaz de mostrar que es posible reconciliar una antigua disciplina espiritual oriental con un sistema psicológico occidental contemporáneo.

1

Budismo

Había una vez, en un país muy lejano, un príncipe que tenía una bella esposa y un joven hijo. Se llamaba Siddhartha Gautama. Había vivido toda su vida en un gran palacio y, siguiendo los deseos de su padre, nunca había salido de él. Su padre, el rey, había decidido proteger a su hijo y heredero de la visión de cualquier miseria y ofrecerle todos los placeres de la vida. Y así fue como Siddhartha saboreó profundamente todos los placeres mundanos.

Pero un día desobedeció las estrictas órdenes de su padre de no abandonar nunca los jardines de palacio. Con Channa, su devoto compañero y cochero, pasó más allá del portal y se aventuró en el mundo. Se cruzó por el camino con un anciano, un hombre enfermo y un hombre muerto, tres visiones totalmente desconocidas para el joven príncipe. Entonces preguntó a Channa si había visto alguna vez algo así. Channa contestó que la vejez, la enfermedad y la muerte nos llegan a todos. Por primera vez en su vida, Siddhartha fue herido por la flecha de un nuevo conocimiento: el sufrimiento de toda la humanidad, del que no hay escapatoria. Finalmente,

Siddhartha tuvo un cuarto y decisivo encuentro con un hombre santo errante.

Ya no tuvo más elección: el apremio interno y su vocación recién descubierta eran abrumadores, y se sintió obligado a dejar su hogar, su vida real y todo aquello que amaba, incluyendo a sus padres, a su bella esposa y su pequeño hijo.

Silenciosamente, dejó el palacio real para siempre y se embarcó, solo, en un largo viaje en busca de respuestas al enigma de la vida. En sus viajes encontró a muchos maestros, eruditos famosos y filósofos; estudió con ellos y siguió sus métodos. Pero ninguno de los eruditos pudo darle respuesta a sus preguntas, porque no eran preguntas ordinarias, no estaban formuladas con la cabeza, sino profundamente sentidas en el corazón; no requerían especulaciones filosóficas y metafísicas, sino la verdad viva. Así que Siddhartha continuó su viaje solitario buscando su tesoro, el único tesoro que necesitaba tan desesperadamente y por el cual había decidido, una vez más, sacrificarlo todo. Durante muchos años vivió en el bosque como un ermitaño, intentando obtener el control de su cuerpo y de su mente. Tuvo éxito en sus esfuerzos, pero el resultado fue un cuerpo extremadamente debilitado, famélico, y una mente desalentada, mientras que el tesoro que buscaba seguía siendo esquivo. En la más profunda desesperanza, Siddhartha se dio cuenta de que su cuerpo era su más precioso instrumento, del que no debía abusar a través de prácticas ascéticas, ni tampoco abandonarse a los placeres de los sentidos, dos cosas que tan bien había conocido. A través de su cuerpo humano, y solamente a través de él, podría alcanzar el tesoro tan difícil de conseguir. Había llegado el momento de que el antiguo príncipe y el antiguo asceta cambiara de nuevo su vida, abandonara el camino de la autonegación y entrara en un camino más equilibrado: el Camino del Medio. Así pues, comió, se bañó y se puso ropa limpia. Entonces Siddhartha se sentó a meditar bajo un árbol con las piernas cruzadas y prometió no moverse del sitio hasta que hubiera encontrado el tesoro. Y en verdad así fue; después de permanecer muchos días sentado bajo el árbol, el tesoro vino a él: en un destello de claridad alcanzó la iluminación, la verdad viva que había estado buscando. En ese momento, Siddhartha se convirtió en el Buda, el Despierto.

Vivió una larga vida, entregando el tesoro que había descubierto a mucha gente, jóvenes y viejos, ricos y pobres, eruditos e iletrados, a todos y cada uno que estuviera preparado para descubrir el tesoro por sí mismo; porque el tesoro no debía descubrirse en otro lugar que en las profundidades de cada mente individual. Su cuerpo mortal murió a los ochenta años aproximadamente. Pero el príncipe Siddhartha Gautama —el Buda— vivió feliz a partir de entonces en la mente y el corazón de millones de seres humanos que aceptaron su mensaje e hicieron de él una realidad viva.

Éste es el cuento de Buda Shakyamuni, probablemente uno de los cuentos más antiguos, más frecuentemente repetido y el más fantástico de todos. Ha sido contado y ha inspirado a innumerables seres humanos durante dos milenios y medio.

¿Cuál era el mensaje que Buda Shakyamuni trajo al mundo? Fundamentalmente, que todo ser humano tiene el potencial para alcanzar la iluminación y convertirse en un buda. «Cada persona es su propio maestro, y no hay un poder o un ser superior que sea juez de su destino.»[1] El Buda y sus seguidores hasta nuestros días pueden solamente enseñar, guiar, apuntar hacia el camino de la liberación; cada persona debe entrar y recorrer el camino sola, tal como hizo Siddhartha. Debe mantenerse una duda saludable sobre las enseñanzas que se reciben, sin importar la autoridad de quien provengan, incluyendo al Buda, hasta que su validez se confirme claramente a través de la investigación, el análisis y la experiencia. Sólo debemos seguir las enseñanzas cuando hemos descubierto que son valiosas y que se pueden aplicar a nuestra propia vida. En último término, nosotros somos nuestra propia autoridad en la búsqueda espiritual; no hay verdad revelada, sagradas escrituras, ni dogmas, ni salvador.

La esencia de las enseñanzas de Buda y la base de toda la doctrina subsiguiente fue expresada en su primer sermón impartido en Sarnath, cerca de Benarés, después de su iluminación, la noche de la luna llena de julio. En él expuso las Cuatro Nobles Verdades:

1. Existencia omnipresente del sufrimiento en la vida;
2. la fuente del sufrimiento se encuentra en el ansia egoísta y el apego de todo tipo;
3. el cese, la liberación y la emancipación del sufrimiento es posible;
4. el camino que conduce del sufrimiento a la liberación.

La doctrina de la Cuatro Nobles Verdades se amplía en el camino llamado generalmente Camino del Medio, porque está libre de todos los extremos. También se le llama el Noble Óctuple Sendero, pues especifica normas de conducta en pensamiento, palabra y acción, que conducen a la liberación. Éstas son:

1. Comprensión correcta
2. Pensamiento-propósito o aspiración correcto
3. Palabra correcta
4. Acción correcta

5. Subsistencia correcta
6. Esfuerzo correcto
7. Atención, conciencia, vigilancia correctas
8. Concentración o meditación correcta.

Estas ocho categorías constituyen los fundamentos del entrenamiento budista; cuando se siguen y se aplican de forma adecuada conducen a una vida armónica y equilibrada, beneficiosa tanto para el individuo como para la sociedad. Las dos primeras categorías —comprensión correcta y pensamiento correcto— están relacionadas con el desarrollo de la sabiduría; las tres siguientes —palabra correcta, acción correcta y subsistencia correcta—, con la conducta ética, y las dos últimas —atención correcta y concentración correcta—, con la disciplina mental.

Los aspectos de sabiduría, conducta ética y disciplina mental están interrelacionados y deben seguirse simultáneamente, ya que cada uno de ellos promueve el desarrollo de los otros. Así, el conjunto de los componentes filosóficos, éticos y psicológicos constituyen la base para el desarrollo espiritual.[2]

De esta simple, pero muy profunda exposición de las Cuatro Nobles Verdades y del Noble Óctuple Sendero pronunciada por Buda Shakyamuni, se desarrollaron una asombrosa cantidad de interpretaciones, a través de comentarios orales y escritos, a menudo contradictorias y opuestas. Algunas tratan de cuestiones exclusivamente prácticas, otras de problemas sumamente filosóficos, metafísicos y ontológicos, pero todas afirman que su autoridad deriva de las palabras del propio Buda. Y, por supuesto, todas son variaciones del mismo tema básico contenido en las Cuatro Nobles Verdades, el primer sermón del Buda. Además, el origen de los diferentes y a menudo controvertidos aspectos de la doctrina debe buscarse en el auténtico método que Buda Shakyamuni utilizó en sus enseñanzas, cuya única aspiración era mostrar a los seres humanos el camino de la emancipación del sufrimiento, es decir, la liberación. El objetivo es común a todos, puesto que el sufrimiento es un hecho básico de la vida, pero hay muchos caminos para eliminarlo. Para citar la visión sobre este tema de un lama tibetano contemporáneo:

> «Una característica importante de todas las enseñanzas de Buda es que están concebidas para satisfacer las necesidades y aptitudes de cada individuo. Dado que cada uno de nosotros tiene diferentes intereses, problemas y formas de vida, no puede existir un único método adecuado para todo el mundo. Buda mismo explicó que, a la hora de comunicarse con un discípulo en particular, escogería la doctrina que pudiera resultarle más adecuada teniendo en cuenta sus experiencias previas. Así pues, en ciertos casos será necesario decir "sí" y en otros será más apropiado decir "no", incluso en respuesta a una misma pregunta.»[3]

Ésta es precisamente la fuerza del budismo: la flexibilidad de sus métodos y prácticas, su énfasis en cada experiencia individual, no solamente en el conocimiento filosófico, intelectual, o la fe ciega. No se excluye nada, ningún método que pueda conducir a la meta última de la liberación. Esto dota a sus enseñanzas de una exquisita habilidad para adaptarse a las condiciones de diversos tipos de gentes que vivan bajo diferentes climas geográficos, distintas culturas y bagajes históricos. En este sentido, el budismo posee un auténtico carácter universal y una importancia para la vida que ha persistido sin menoscabo hasta la actualidad, pues su sabiduría arraiga en las profundidades del psiquismo humano.

Con tan amplia libertad en cuestiones de instrucciones y de práctica, era inevitable que durante los siglos posteriores a la muerte de Buda emergieran diferencias doctrinales y se desarrollara una gran variedad de tradiciones. Surgieron dos grandes sistemas: Hinayana o «Pequeño Vehículo», y Mahayana o «Gran Vehículo». El primero, la escuela del sur, se extendió en países conocidos en la actualidad como Burma, Tailandia y Sri Lanka, mientras que el segundo, la escuela del norte, incluye áreas geográficas del norte de la India, Mongolia, Tíbet, Sikkim, Butan, Nepal, Camboya, Vietnam, China, Corea y Japón.

El Hinayana enfatiza las reglas morales estrictas y la adhesión a austeras normas de conducta. La meta última es alcanzar la propia salvación. Al estado más elevado de desarrollo individual, el ser humano ideal, se le denomina *arhat*. La palabra significa «destructor del enemigo» y por enemigo se entienden las pasiones.[4]

El Mahayana continúa donde el Hinayana abandona: la meta última de los mahayanistas es buscar la salvación, no para ellos mismos sino para beneficio de todos los seres. Y esta meta es nada menos que la obtención de la misma naturaleza de Buda. Mientras el Hinayana enfatiza la austeridad, la autocontención y una elevada conducta ética, el Mahayana enfatiza la sabiduría intuitiva que elimina el velo de la ignorancia que oscurece nuestra esencia pura, la naturaleza de Buda que mora en todos nosotros, debiendo simplemente ser descubierta. Encontrar el verdadero yo, comprenderse a sí mismo, significa comprender la naturaleza del Buda inherente a cada uno. Se ha dicho que «[el sistema Hinayana] enfatiza la humanidad de Buda; el Mahayana enfatiza la naturaleza búdica de la humanidad».[5]

El ideal del *arhat* del Hinayana se reemplaza, en el sistema Mahayana, por el ideal del *bodhisattva*. A partir del ideal de una salvación puramente individual en el intento de los arhats de alcanzar el nirvana, los bodhisattvas han tomado el voto de dedicar todos sus esfuerzos para el beneficio de los demás y trabajar para la liberación universal de todos los seres. En ellos, todo interés personal, acción y esfuerzo egoísta están completamente ausentes.

> Delicado y respetuoso,
> sin engaño ni fraude,
> lleno de amor por todos los seres;
> así es el bodhisattva.[6]

La palabra bodhisattva ha sido definida como «ser heroico, guerrero espiritual» o «corazón iluminado y el valiente».[7] Los bodhisattvas, «delicados y respetuosos», reaccionan espontáneamente a su impulso de compasión hacia todos y todo; están completamente involucrados en los asuntos del mundo, y permanecen dentro de él, con todas sus luchas y tribulaciones. La suya no es una forma negativa de abnegación y abandono del mundo, sino una forma positiva de afirmarlo y transformarlo, en virtud de su gran compasión y sabiduría. La tarea de su vida es liberar a los seres de la ignorancia, las pasiones y el mal.

Los bodhisattvas han tomado la resolución indestructible de llegar a ser budas únicamente para el beneficio de los demás; así pues, toman y siguen el camino del Iluminado con el solo propósito de llegar a la total integración, libres de confusión y conflicto interno. Han desarrollado los medios para estimular los tesoros internos de los demás, las semillas latentes de la iluminación, que según el Mahayana es la herencia común de la humanidad.

Son «como el hábil alquimista que, en virtud del poder de sus sustancias químicas, puede convertir la plata en oro y el oro en plata».[8] Naturalmente, uno se asombra y se pregunta:

> «¿Qué es lo que da fuerza al bodhisattva y le aventaja sobre los demás? Es su capacidad de mantener la comprensión de la verdadera naturaleza de las cosas, su capacidad de vivir todas las circunstancias sin miedo ni ansiedad, y su habilidad para afrontar cualquier situación con una visión no obstruida y una compasión sin límites.»[9]

Muchas veces, en presencia de lamas tibetanos, algunos de los cuales, no me cabe la menor duda, han alcanzado el nivel de bodhisattva, me he hecho esta misma pregunta. Y también he observado la exquisita habilidad con la que son capaces de conmover las mentes y las vidas de muchos occidentales, cuyos antecedentes históricos y culturales y estilos de vida son tan diferentes a los del pueblo nacido y desarrollado en el Tíbet. Quizá parte de la respuesta se encuentre en la siguiente descripción del bodhisattva:

> «Desde el principio persigue alcanzar la sabiduría que constituye el ser un buda, es decir, el conocimiento de todas las formas, de todas las maneras de ser de todos los seres. Esto es lo que da a los budas y a los bodhisattvas avanzados la habili-

dad de mantenerse *en relación* con cada situación y ayudar a cada individuo de manera apropiada.»[10]

BUDISMO TIBETANO

El budismo tibetano forma parte del Mahayana. Cuando fue introducido en el Tíbet desde la India, en el siglo VII d.C., se encontró con la religión nativa Bon y sus prácticas chamánicas. A medida que el budismo se extendía, llegaban al Tíbet muchos eruditos indios que traducían los textos religiosos y sus comentarios, hasta que los tibetanos empezaron a escribir sus propios comentarios. Se ha dicho que, en tierra tibetana, el budismo se mezcló con el culto Bon local y que incorporó algunas de sus características. El actual Dalai Lama, sin embargo, niega cualquier influencia ajena y afirma: «La enseñanza budista que se expandió en el Tíbet es únicamente la enseñanza sin mácula de la India, y nada más. Los lamas tibetanos nunca la alteraron ni la mezclaron con otras religiones».[11] A lo largo del tiempo surgieron cuatro grandes escuelas: la *Nyingma*, *Kargyu*, *Sakya* y *Gelug*.

Cada una de estas escuelas traza su linaje a partir de diferentes eruditos indios y, en consecuencia, presenta variaciones formales en las instrucciones, pero los tibetanos aseguran que no hay diferencias fundamentales en su filosofía y prácticas espirituales. Todas buscan la misma meta: la iluminación. De hecho, todas se adhieren a las enseñanzas tanto del Hinayana como del Mahayana, y también del Tantrayana (una rama del Mahayana). *Yana* es la palabra sánscrita para vehículo. Un lama contemporáneo, en una de sus conferencias, equiparó este vehículo a un camino o un ascensor que eleva nuestra conciencia a la iluminación.

Tres aspectos destacan en el camino a la iluminación, en el viaje espiritual: la renuncia, la motivación iluminada y la visión correcta de la realidad. «Mezcladas, son como el carburante que propulsa nuestro cohete a la Luna de la iluminación.»[12] Voy a intentar exponerlos brevemente.

Antes de entrar en el camino, los individuos están motivados, en todas sus acciones, únicamente por deseos egocéntricos de adquirir riquezas, poder, fama, etc., de obtener placer y escapar del dolor. Pero no se dan cuenta de que la lucha por la riqueza, el poder y los deseos mundanos nunca podrán satisfacerles. Esta búsqueda es lo que los budistas llaman la condición de *samsara*, un término sánscrito que significa «girando». Se refiere a nuestro innato y fuerte hábito de girar y girar en círculo, persiguiendo la gratificación de los deseos, placeres de uno u otro tipo, que invariablemente nos eluden. El *perpetuum mobile* de la vida mundana, cambiando de una situación a otra, fluctuando de un humor a otro, deseando un objeto, adquiriéndolo y probándolo; más tarde, sintiéndonos saturados y frustrados, lo descartamos, y así damos la vuelta entera, para volver a empezar el mismo proceso una y otra vez. Nunca alcanzamos la meta que nos habíamos fijado, porque la verdadera característica del samsara es la insatisfacción, el sufrimiento. El término samsara se aplica también a la existencia cíclica de continuos renacimientos, en la cual no hay escapatoria hasta la liberación, es decir, el nir-vana. En este sentido, samsara significa «la rueda de la existencia».

Según el pensamiento budista, el origen del samsara es la ignorancia, es decir, la inconsciencia, el actuar movidos por los estímulos de los impulsos hedonísticos, una mente inconsciente, indisciplinada, incontrolada, dispersa.[13]

Otra forma de ignorancia es la ilusión sobre la permanencia de los fenómenos, mientras que la mutabilidad, el cambio, es la ley omnipresente de la naturaleza. Estamos apegados a la gente, a los objetos, a las posesiones, a las situaciones y, sobre todo, a nuestro propio cuerpo y vida, y cuando cambian, o cesan de ser, expe-rimentamos sufrimiento. Alimentada por el deseo de permanencia, y no de cambio, nuestra mente se hace rígida y estrecha.[14]

Nuestro mayor enemigo es nuestro egoísmo o, como dicen los budistas, nuestro aferramiento al ego, nuestra actitud de autoestima. De ella derivan todos los sufrimientos. Los tres venenos de la mente: avaricia, odio e ignorancia, contaminan nuestros pensamientos y acciones y nos traen confusión, ansiedad y dolor. Cuando escrutamos nuestras propias experiencias, descubrimos que, con nuestras acciones, conscientes o inconscientes, tanto motivadas por pensamientos positivos como negativos, plantamos semillas que madurarán en el futuro. Los budistas dirían que sufriremos o nos beneficiaremos de las consecuencias en vidas futuras, pero también, y en gran parte, en esta vida, incluso en nuestro futuro inmediato. Ésta es la simple e inexorable ley de causa y efecto, o del karma. Las acciones que inevitablemente producirán en un futuro, sea lejano o inmediato, sufrimiento y daño, a nosotros mismos o a otros, son las llamadas no-virtuosas, inhábiles o negativas; mientras que a las que producen resultados positivos se las llama acciones virtuosas.

Como los budistas nos dicen repetidamente, todos los seres sin excepción poseen en común el deseo de evitar el sufrimiento y alcanzar la felicidad. Sin embargo, por medio de nuestros pensamientos y acciones, y debido a nuestra mente contaminada y engañada, atraemos hacia nosotros exactamente lo opuesto de aquello por lo que luchamos.

Para los budistas, «los pecados» son «acciones no-virtuosas». Por «virtud» entienden no sólo la bondad y moralidad, sino también la eficacia, el poder que las acciones virtuosas son, efectivamente, capaces de generar. La avaricia, el orgullo, la irritabilidad y demás son, entonces, acciones no-virtuosas que conducen al sufrimiento mental y a la confusión.[15]

Como seres humanos, tenemos la preciosa oportunidad e infinitas posibilidades de activar tendencias superiores y plantar semillas virtuosas que conducen al crecimiento espiritual y finalmente a la liberación. Todo depende de nuestra mente. Cuando hemos «tocado fondo» y sentimos aversión hacia nuestra desdicha, nuestra agitación samsárica sin fin, alcanzamos una «mente de renuncia».

> «La puerta de todo camino espiritual, tanto si conduce a la liberación personal como a la suprema iluminación, es la mente de renuncia total. Así como antes de emprender un largo viaje es necesario un pasaporte, un visado, vacunas y dinero suficiente, también este estado de mente es esencial si queremos seguir el dharma con éxito ... ¿A qué renuncia exactamente esta mente? Debemos desarrollar la renuncia a las causas de sufrimiento, a las aflicciones mentales mismas... Renunciar no implica que debamos abandonar todas nuestras diversiones o posesiones. Muchos seres altamente realizados han sido reyes, ricos comerciantes, etc. No son nuestras posesiones lo que debemos abandonar, sino nuestra ignorante actitud de aferramiento a ellas.»[16]

Debe insistirse en que, contrariamente a la creencia popular, a lo que la mente renuncia es al sufrimiento, al samsara, a una forma de vida miserable, alienada, a la desesperación existencial o, para decirlo de otra manera, renuncia a la inconsciencia, a la oscuridad de la mente, a la mente no despierta. Cuando la mente está consciente, despierta, no hay más samsara, no hay insatisfacción. En realidad, la palabra Buda significa simplemente esto, el Despierto.

La mente tiene la capacidad de despertar; de hecho tiene el impulso de despertar; sin embargo, duerme en la ignorancia y la ilusión. Cuando no está obstruida por la ignorancia, experimenta paz y felicidad. Algunas personas, si no la mayoría, han tenido este tipo de experiencias por lo menos en algunas ocasiones excepcionales de su vida: amor genuino, experiencias estéticas, encuentros con seres humanos extraordinarios, estados alterados de conciencia. Son momentos breves, fugaces, en los que vislumbramos otro estado de la mente, otro nivel de existencia, y el reconocimiento de que el alcanzarlo está a nuestro alcance, aquí y ahora. También nos damos cuenta de que no es el entorno externo, sino nuestra mente, nuestro propio mundo interno el que determina nuestra felicidad o sufrimiento. Es como encontrar una joya que realiza todos los deseos.

Pero, según la escuela Mahayana, que continuamente enfatiza que cada acción debe estar motivada por la intención de beneficiar a los demás y no meramente a uno mismo, la mente de la renuncia total, por sí misma, no es suficiente para alcanzar la completa iluminación. Así, al concepto de mente de renuncia se le debe añadir el de «mente de la iluminación», la motivación iluminada, o la llamada *bodhichita*, que constituye el segundo de los tres principales aspectos del camino a la iluminación.

Con el despertar de la mente iluminada, nos interesamos vitalmente por el bien de los demás seres. De hecho, los budistas tibetanos siempre se refieren a todos los seres que sienten, no sólo a los seres humanos. «Al igual que uno mismo, todos los seres que sienten están afligidos por el sufrimiento; así, incluso el más pequeño de los insectos es similar a nosotros en la medida en que no quiere el sufrimiento y desea la felicidad.»[17] A partir del despertar a los estados internos de la mente, conscientes e inconscientes, y de la ley de causa y efecto que los determina, se alcanza una conciencia expandida que incluye a los demás. De la motivación egoísta, la actitud de autoestima que se centra únicamente en uno mismo, se pasa a otro nivel más elevado, en el que se perciben las ventajas y necesidades de estimar a los demás. Aquí, también, reina predominantemente la ley de causa y efecto. Desde las relaciones próximas interpersonales, a las relaciones sociales e internacionales, la raíz de todos los conflictos y guerras depende de las actitudes de autoestima. Las acciones virtuosas hacia los demás —de cuerpo, palabra y mente— como evitar matar, robar, mentir, utilizar un lenguaje hiriente y desarrollar la compasión y la generosidad, aportan placer y satisfacción duraderos. Estas acciones, libres de egocentrismo, tienen un efecto energetizante en la persona que las realiza, y paradójicamente, al perder el ego en una actividad altruista, encontramos nuestro Sí mismo. Los efectos se pueden comprobar fácilmente: son los mejores momentos de la vida de cualquiera. De nuevo los encontramos en todo tipo de obras artísticas —lo cual es precisamente la función del arte—, en la verdadera comunicación con otro ser humano, en la actividad creativa. Sin embargo, cuando salimos de nuestra autoimpuesta prisión egocéntrica, también se encuentran incluso en el acto más pequeño, más simple de la vida cotidiana.[18] La motivación iluminada nos impele, primero, a interesarnos por el sufrimiento de los demás, y en un segundo paso, a desarrollar una fuerte motivación que incita a alcanzar la iluminación para el beneficio de los demás, es decir, para guiarlos a la liberación. Éste es el camino del bodhisattva, que sabe que la única forma de inspirar, asistir y guiar a otros hacia la liberación, es haber seguido el camino él mismo y haber alcanzado la iluminación. Pero, incluso antes de haber tomado esta determinación, cualquier acción que haya sido afectada por la mente de la iluminación, la *bodhichita*, por pequeña y mundana que ésta sea, adquiere gran poder. Así, se ha dicho que «dar un puñado de comida a un perro, si se hace con bodhichita, nos aporta mayor beneficio que dar un universo entero de joyas a cada ser viviente, sin esta motivación».[19] La motivación iluminada es como el arte del alquimista, que convierte el metal común en oro.

El tercero de los tres aspectos principales del camino a la iluminación es la visión correcta de la realidad, o la sabiduría de la vacuidad, *sunyata*. Éste es el concepto más difícil de comprender, y debe ser aprehendido a través de la experiencia directa, no simplemente a través de la comprensión intelectual. Sin embargo, se halla en el corazón de todas las enseñanzas budistas, y es inseparable de los otros dos aspectos principales del camino tratados anteriormente. No puede ser explicado ni comprendido a través del análisis racional, sino únicamente mediante el desarrollo gradual de la sabiduría intuitiva. El aprendizaje de esta sabiduría superior es esencial, dado que los conceptos erróneos sobre la realidad constituyen el origen básico de todo sufrimiento.

«Los conceptos erróneos del ego acerca de la realidad nos mantienen en la esclavitud de la existencia mundana, o bien en la esclavitud dorada de una forma de vida espiritual. La esclavitud de hierro es nuestro continuo sufrimiento, mental y físico, en el ciclo de la existencia insatisfecha denominado samsara, mientras que la esclavitud de oro es la del ser esclavo de conceptos erróneos y falsas filosofías ... La meta más elevada es estar libre de *toda* esclavitud.»[20]

El concepto de sunyata, vacuidad, ha dado lugar a muchas malas interpretaciones y distorsiones. *Sunya* es una palabra sánscrita que significa «en relación a lo que fue hinchado». Según el erudito budista Edward Conze, la etimología de la palabra expresa la unidad de los opuestos, es decir, lo que en el exterior está hinchado, en el interior está vacío; nuestra personalidad está a la vez hinchada por los cinco *skandhas*[21] y vacía de un yo.[22] No hay un «yo» o Sí mismo que exista de forma inherente, autónoma e independiente, como estamos acostumbrados a pensar. La naturaleza de todos los fenómenos es la vacuidad. Filosóficamente, es el principio de la relatividad de todas las cosas y condiciones. Pero es también el principio de la potencialidad ilimitada, no excluyente: la vacuidad puede contener y producir todo. Un sinónimo de sunyata es no-dualidad. Sobre este tema, el *Lankavatara Sutra* dice:

«¿... qué se entiende por no-dualidad? Significa que luz y sombra, largo y corto, blanco y negro, son

> términos relativos ... y no son independientes uno de otro; al igual que el samsara y el nirvana, todas las cosas son no-dos. Sólo hay samsara donde hay nirvana; sólo hay nirvana donde hay samsara; porque la condición de la existencia no es de carácter mutuamente excluyente.»[23]

La ausencia de un «yo» separado, permanente, no implica su total inexistencia, lo que sería nihilismo, otro punto de vista extremo y dogmático, igualmente incorrecto. Así pues, hay un «yo» convencional que todos poseemos y que existe en el nivel relativo de la realidad, mientras que éste no existe en el nivel absoluto, último, de la realidad. La existencia de los cinco *skandhas* es verdad convencional, mientras que la naturaleza vacía de todos los fenómenos es verdad absoluta.[24] Esta distinción entre lo relativo o mundano, y lo absoluto o verdad última, es fundamental en la filosofía del Madhyamika (Camino del Medio) —sobre la que volveré en un capítulo posterior—. Según el actual Dalai Lama, es «una teoría que permanece suprema sobre todas las teorías de las diferentes escuelas del budismo».[25] Aquí es importante enfatizar de nuevo el punto de vista budista de que las ideas equivocadas sobre la realidad y la creencia en una existencia independiente y permanente del yo es la fuente de todos los sufrimientos, y la «realización de sunyata es como el cuchillo que corta la raíz de la ignorancia».[26]

BUDISMO TÁNTRICO-VAJRAYANA

Con el budismo tántrico o Vajrayana —el tercer vehículo, aunque forma parte de la escuela Mahayana—, el budismo tibetano alcanza su desarrollo más elevado y magnífico. Siguiendo el corto camino del *tantra*, también conocido como el Vehículo del Diamante, el adepto puede alcanzar la iluminación en una sola vida, mientras que, según el pensamiento budista, en todos los demás caminos graduales se necesita mucho tiempo, «eón tras eón», para alcanzar el estado de Buda.

La palabra sánscrita *tantra* está relacionada con la idea de tejer: sugiere actividad, continuidad y también interdependencia e interrelación. El budismo tántrico se basa en la filosofía del Madhyamika, que conforma esencialmente el concepto del Camino del Medio, la visión libre de los dos extremos, eternalismo y nihilismo. No contempla ni las especulaciones metafísicas ni las prácticas ascéticas de algunas otras sectas. Pone el acento en el método, la actividad y la continuidad. Los métodos son complejos, a veces desconcertantes, extraños e incomprensibles para el no iniciado, sugiriendo la superstición primitiva y la magia chamánica. Sin embargo, todos ellos, en su esencia, no son más que diferentes métodos de transformación espiritual: formas de transmutar cada uno de los aspectos de la vida samsárica —positiva, negativa o neutra— en sabiduría trascendental. Todos los obstáculos, cosas negativas o pasiones son utilizadas y transmutadas en vehículos para el camino a la iluminación. Lo bueno y lo malo se trasciende y revierte en esencia espiritual pura, que es la naturaleza última del universo. Éste es el camino corto, directo, a la liberación, el más poderoso, pues supone una revolución radical de la conciencia, pero no es, en ningún sentido, un camino fácil, ni está desprovisto de peligros. Está muy lejos de ser primitivo (en el sentido negativo de este término); al contrario, es uno de los más sofisticados métodos de crecimiento espiritual y de transformación.

Mircea Eliade señala la existencia de paralelos entre

> «... el tantrismo y la gran corriente occidental misterosófica que surgió al principio de la era cristiana, como consecuencia de la confluencia del gnosticismo, el hermetismo, la alquimia greco-egipcia, y las tradiciones de los misterios.»[27]

La meta es la misma que en todas las demás escuelas del budismo, es decir, la iluminación, pero es la iluminación aquí y ahora, no en un futuro inconcebible. Apunta hacia la total aniquilación del sufrimiento, único interés de Buda, tal y como lo expresó en su primer sermón sobre las Cuatro Nobles Verdades, y profesa la convicción de que en esta existencia hay una alternativa a la miseria de la vida mundana. Es importante señalar que, antes de entrar en el camino tántrico, el adepto debe estar familiarizado y practicar, en todo momento, los pasos fundamentales de las escuelas Hinayana y Mahayana. La contención, el autoconocimiento, el entrenamiento de la mente, la compasión y el cultivo de la sabiduría son cimientos necesarios antes de aventurarse en el camino del diamante. De hecho Atisha, un maestro tántrico del siglo XI, «basaba sus enseñanzas en la idea de que el Hinayana, el Mahayana y el Vajrayana no podían considerarse por separado, sino que debían ser vistos como aspectos de un mismo camino».[28] Considerándolos juntos, los tres yanas son un desarrollo natural y coherente de la teoría y práctica budista.

Tantra implica continuidad: la continuidad del movimiento de nuestra propia vida y crecimiento interior, cuando la práctica espiritual se sigue conscientemente. Y la práctica conduce a una comprensión de la trama de todos los fenómenos, de la relación entre el microcosmos y el macrocosmos, la mente y el universo, la materia y el espíritu, visión que conlleva una sorprendente similitud con los descubrimientos de la ciencia moderna.

Podría decirse que el objetivo del Tantra budista es penetrar, utilizar y transformar las fuerzas dinámicas del universo, que no son diferentes a las fuerzas psicológicas y las constelaciones arquetípicas de nuestra propia psique. Pero esto no puede realizarse mediante el ejercicio del pensamiento discursivo o la aplicación de teorías abstractas, sino estando profundamente inmerso en auténticas prácticas. Debido a su enorme riqueza,[29] el Tantra ha dado lugar a muchos conceptos erróneos y malentendidos. En el mundo occidental, a menudo se le ha equiparado a la magia y a exóticas prácticas sexuales.

Respecto al origen del Tantra, y a las semejanzas o diferencias entre el Tantra budista y el hindú, existe gran controversia, y ningún acuerdo definitivo sobre estas cuestiones. Según un autor, no hubo una persona en particular que introdujera el Tantra en el budismo en un momento determinado, sino que ha sido incorporado gradualmente a lo largo de los siglos.[30] El mismo autor sostiene que no hay diferencias fundamentales entre los Tantras budista e hindú.[31]

En contraste, otros estudiosos como Lama Govinda y Benoytash Bhattachary, sostienen que el Tantra budista no es fruto del hinduismo tántrico, como pretenden algunos; cristalizó de forma definitiva hacia el siglo III d.C. Ambos eruditos afirman que, a pesar de haber similitudes a nivel externo, existen diferencias fundamentales entre los dos sistemas. La principal de ellas, según Lama Govinda, reposa en el concepto de *sakti*, el poder activo, y el aspecto creativo femenino de Siva, la diosa más elevada. Esta noción no se halla dentro del sistema del budismo tántrico. En este último, la idea central no es *sakti*-poder, sino *prajna*-conocimiento, sabiduría intuitiva.[32] Sin embargo, sería difícil diferenciar sabiduría y poder en el contexto del Vajrayana. La sabiduría, en fin, es poder, aunque no el poder de la espada, sino la fuerza capaz de producir transformación; los budistas, de hecho, hablan repetidamente de la fuerza de la mente.

En lo que concierne a la práctica del Vajrayana, estas cuestiones pueden no ser muy importantes. Sin embargo, dado que existe considerable confusión sobre este tema, es importante tener conocimiento de ellas y reconocer las distinciones, al igual que las equivalencias, entre los dos sistemas tántricos.

La polaridad de los principios masculino y femenino es un concepto básico del Vajrayana, y su unión es la meta de todas las prácticas tántricas. A través de esta unión de los opuestos, se trasciende toda dualidad y se alcanza una unidad absoluta. Ésta es la realidad espiritual más elevada en el camino de la iluminación; de hecho, es la iluminación misma.

En la iconografía budista, el principio de la unión se representa por medio de deidades y sus consortes en un abrazo extático, gozando de una gran felicidad.

> «Según todas las escuelas del Tantra, el gozo es la naturaleza de lo Absoluto ... Alcanzamos lo Absoluto cuando nos realizamos a nosotros mismos como perfecta felicidad. En todas nuestras experiencias ordinarias de placer, tenemos solamente un vislumbre momentáneo de este mismo gozo que constituye la naturaleza última de nuestro ser. No obstante, estas experiencias del placer, debido a su naturaleza extremadamente limitada y contaminada, nos atan a un plano inferior de la vida, en

lugar de contribuir a nuestro avance hacia la autorrealización.»[33]

Gozo, nirvana, iluminación, devienen sinónimos en el budismo tántrico, la total inmersión de la naturaleza última del Sí mismo y del no-Sí mismo, en la unidad del gozo perfecto.[34] Las prácticas espirituales sexo-yóguicas (el misticismo erótico, tan mal comprendido en Occidente) se basan en este principio, cuando el gozo sexual se convierte en gozo divino y en el instrumento para la más elevada realización espiritual.

El Tantra budista sostiene que el cuerpo humano es el microcosmos que encarna la verdad del macrocosmos. La realidad absoluta contiene todas las dualidades y polaridades: lo espiritual y lo fenoménico, la potencialidad y la manifestación, el nirvana y el samsara, *prajna* (sabiduría-principio femenino) y *upaya* (método para alcanzar la iluminación-principio masculino), *sunya* (vacío) y *karuna* (compasión). Los discípulos tántricos alcanzan, en sus propios cuerpos, la reunión de los dos principios polares, es decir, la unidad primordial que excluye toda discriminación e incluye todas las diferenciaciones. En otras palabras, por medio de sus cuerpos trascienden lo mundano, el mundo fenoménico, y experimentan la no-dualidad, la integridad que precede a toda creación, el Gran Gozo. Todas las prácticas tántricas, rituales y meditaciones —llamadas *sadhanas*— tienen como objetivo esta realización.

Ésta es la dialéctica de los opuestos, la temática de la filosofía Madhyamika, el Camino del Medio, que abarca e incluye todo. Pero a los discípulos tántricos les interesa más el conocimiento directo de ese estado que se alcanza en la realidad de su práctica.

En el mismo momento en que surge la Gran Compasión
emerge desnuda y viva la Gran Vacuidad.
Pueda yo encontrar siempre el infalible camino de Dos en Uno
y practicarlo día y noche.[35]

El símbolo budista tibetano de Dos en Uno es *yab-yum*, la pareja divina del padre y la madre abrazándose, que tan repetidamente aparece en el arte sagrado tibetano y que inspira —a la vez que expresa visualmente— las experiencias y visiones de la meditación. Lama Govinda afirma que estos símbolos están totalmente desvinculados de cualquier tipo de asociación con la sexualidad física. Describen únicamente la unión de los principios masculino y femenino —las cualidades eternas de lo femenino, como las de la «Madre Divina» o Sabiduría Trascendental; «... en lugar de buscar la unión con una mujer fuera de nosotros, debemos buscarla dentro de nosotros mismos... mediante la unión de nuestra naturaleza masculina y femenina durante el proceso de la meditación.»[36] Lama Govinda sostiene la opinión de que la polaridad sexual debe ser reconocida como un mero incidente de la polaridad universal, y que debe ser superada.[37]

> «Únicamente si somos capaces de ver la relación de cuerpo y mente, de la interacción física y espiritual en una perspectiva universal, y si, de esta forma superamos los conceptos de «yo» y «mío», y toda la estructura de sentimientos egocéntricos, opiniones y prejuicios que nos producen la ilusión de nuestra individualidad separada, sólo entonces podremos emerger en la esfera del estado de buda.»[38]

No obstante, la relación sexual conyugal (*maithuna*) ha sido practicada por budistas tántricos como un ritual sagrado, basado en el mismo concepto de la unión de los principios masculino y femenino. S.B. Dasgupta ha analizado el argumento de los budistas tántricos en defensa de su práctica de una *maithuna* tan poco convencional. Éstos enfatizan que todo depende de la pureza de la mente: las acciones motivadas y realizadas con sabiduría y compasión, con una mente pura, no pueden ser sino puras. Asimismo, también advierten que se trata de un camino peligroso para el no iniciado. «Aquello que arrastra al loco no iniciado al infierno del libertinaje, puede ayudar al yogui iniciado a alcanzar la iluminación.»[39] El punto vital es el compromiso, adquirido por parte del yogui y de la yoguini, de realizar cualquier acción con mente compasiva y sabiduría, es decir con el conocimiento y la comprensión de la naturaleza vacía de todos los fenómenos. Así, se dice que:

> «Al igual que algunas medicinas son dulces y al mismo tiempo curan la enfermedad, así también el gozo que proviene de la combinación de *prajna* (sabiduría) y *upaya* (compasión) destruye fácil y suavemente las aflicciones ... De nuevo, lo que para uno es una soga con la cual colgarse, para otro es lo que elimina la esclavitud.»[40]

Otro estudioso, Herbert Guenther, argumenta de forma similar en favor del placer como un estado de realce de la vida. «Podemos usar expresiones como "gozo extático" o "gran gozo" para referirnos a la sensación de libertad lograda mediante el empobrecimiento ocasionado por el egocentrismo.»[41] Así es como algunos de los textos tántricos abordan el tema del gozo:

La conciencia de todos los budas que experimentamos en nuestro interior
es llamada Gran Gozo por tratarse del placer más excelso de todos los placeres.
Sin gozo no hay iluminación, porque la iluminación es el gozo en sí mismo.
De la misma forma que en la profunda oscuridad la adularia difunde su luz,
también este supremo Gran Gozo disipa en un instante todas las miserias.[42]

No obstante, no se trata de una forma de hedonismo, más bien todo lo contrario: requiere una extraordinaria firmeza en la disciplina, y únicamente a través de ella se adquiere la verdadera libertad. En el camino hacia la libertad, toda pasión y deseo deben ser utilizados y transformados en sabiduría. Éste es el verdadero principio básico de cualquier práctica tántrica. Respecto a esto, es similar a la homeopatía; se basa en el principio de que lo semejante cura lo semejante. El mismo elemento que produce una enfermedad, si se aplica en la dosis apropiada, puede actuar como antídoto y curarla.

> «Así, el vajrayanista dirá también que la misma acción por la cual el ser humano se ve atado al mundo de la infinita miseria puede ayudar a otro a alcanzar la liberación, si éste actúa desde una perspectiva diferente... si actúa desde la perspectiva de *prajna* y *upaya*.»[43]

Como en la medicina homeopática, los síntomas no se suprimen, sino que se provoca su agravamiento temporalmente, como paso necesario hacia su completa desaparición. Entonces, el odio se cura con odio, el deseo con deseo, y así sucesivamente, cuando se trasmutan en sabiduría. Pero aquí estamos tratando con una espada de doble filo: el camino puede conducir a la iluminación o a la patología. Por ello es indispensable la guía de un maestro cualificado y compasivo que haya alcanzado él mismo la sabiduría. Ésta es también la razón por la cual las enseñanzas y las prácticas verdaderas se han mantenido en secreto; para conseguir el efecto y el valor deseado, deben ser transmitidas solamente a través de maestros altamente cualificados y bajo las circunstancias adecuadas. Pero de hecho es obligado que permanezcan secretas para el no iniciado, porque, al igual que cualquier enseñanza esotérica, solamente pueden ser comunicadas gradualmente y ello cuando se esté preparado para recibirlas o, más bien, para descubrirlas por sí mismo.

En el proceso de transformación, y para alcanzar estados más elevados de conciencia, se utilizan muchos soportes y se practica una gran variedad de cultos y rituales. Todos ellos están diseñados para involucrar totalmente los tres aspectos de nuestro ser, es decir, el cuerpo, la palabra y la mente. Su propósito es activar e invocar poderosas fuerzas latentes en los niveles profundos del inconsciente; es una confrontación con nuestra naturaleza más íntima para llegar a despertarnos.

Los tres métodos básicos y predominantes son: la recitación de mantras —palabras sagradas— involucrando el habla; realización de gestos rituales —mudras— involucrando el cuerpo; meditación, especialmente visualización e identificación con las deidades, involucrando la mente.

Volveré sobre estos métodos en un capítulo posterior, y trataré sobre ellos y su significado con mayor detalle, así como del simbolismo y función de los mandalas. Por el momento es suficiente con afirmar que:

> «El propósito de todos los Tantras es enseñar los caminos por los que podemos liberar la luz que está misteriosamente presente y brilla en cada uno de nosotros, a pesar de estar envuelta en la insidiosa telaraña de la trama de nuestra psique.»[44]

2

C.G. Jung

Dos milenios y medio después de Buda y hace aproximadamente cien años, en el otro extremo del globo opuesto a la India, nació Carl Gustav Jung. Nació y vivió toda su vida en Suiza, ese bello y tranquilo país en el corazón de Europa y del mundo occidental, el país que no ha conocido guerras durante muchos, muchos años. Sus padres y antepasados por ambas partes eran gente tradicional, profundamente enraizados en el pueblo y las costumbres suizas, que no soporta ni tolera el cambio. Amaba Suiza, pero desde muy temprana edad sintió que su belleza pertenecía a un espacio y un tiempo que trascendían en gran medida las estrechas fronteras de ese pequeño país y su inalterable sociedad. Sus primeros recuerdos, primer indicio de algo más grande que él, se refieren a la admiración que sentía cuando se quedaba en pasmosa contemplación ante las azules aguas del lago Constanza, y los picos blancos de los majestuosos Alpes cubiertos de nieve. Ya entonces tenía la sensación de que éste era el centro del universo, pero no del universo de sus padres y de los pocos millones de suizos, sino de un universo muy íntimo en el interior de sí mismo, que veía reflejado en las tranquilas aguas del lago, que se extendía sobre los picos de los Alpes, y más allá, en el infinito. Era un chico tímido y sensible que a menudo estaba en desacuerdo con las creencias de sus padres y las demandas de sus maestros. Tenía la sensación de ser muy especial, y a menudo inadaptado en la escuela, a diferencia de sus compañeros. Se sentía herido con facilidad y era propenso a las explosiones de rabia siempre que se le hacía una injusticia: cuando, por ejemplo, su maestro le acusaba de cometer alguna trampa. Pero era en esos momentos cuando buscaba y encontraba refugio en su personalidad Número Dos, como la solía llamar. Esta personalidad era su auténtico y verdadero Sí mismo que se extendía profundamente en las raíces de la humanidad misma, quizás incluso antes de que existiera la humanidad.

> «En algún lugar profundo de mí, siempre supe que era dos personas. Por un lado, el hijo de mis padres, que fue a la escuela y era menos inteligente, atento, trabajador, decente y limpio que muchos otros chicos. El otro era adulto y viejo; de hecho, era un ser escéptico, desconfiado, distante del mundo de los hombres, pero próximo a la naturaleza, a la Tierra, al sol, a la luna, a la intemperie, a todas las criaturas vivientes, y por encima de todo, cercano a la noche, a los sueños y a todo lo que "Dios" accionara directamente en él.»[45]

Este «otro» era una personalidad débil, frágil que a menudo lo eludía, con lo cual tenía que impulsarla con su llamada personalidad Número Uno, un engaño, un juego que gradualmente satisfacía más y más a todo su entorno, excepto a sí mismo. Así continuó su camino, consiguiendo un éxito tras otro; cualquier cosa que emprendiera, la realizaba con lucimiento. Pero el desasosiego interno nunca le abandonaba, era como una espina constante que le llevó, extraviándose, a donde toda la gente de su alrededor esperaba que fuera: mientras su personalidad Número Uno era brillante, su personalidad Número Dos sentía dolor, el dolor de la totalidad no realizada. Buscó esta totalidad durante toda su vida.

Oyó hablar de un profesor de Viena. Fue a visitarle ofreciéndole sus respetos, confundiéndolo con un genio incomprendido por los demás. Se convirtieron en grandes amigos y colegas. Sin embargo, la personalidad Número Dos de Jung se reveló en el mismo momento de su primer encuentro. Pero se negó a prestar atención a su personalidad Número Dos, que en aquella época era débil y estaba oculta. El profesor de Viena se hizo famoso y, a medida que su fama crecía, su amistad disminuía. Sólo más tarde Jung comprendió: no era su amistad que disminuía, sino su personalidad Número Dos que emergía por derecho propio. El profesor de Viena y Jung se separaron. Ésta fue la conmoción más fuerte de su vida. Se sintió inmerso en la oscuridad como nunca lo había experimentado antes. Pero, como resultado de esto, afloró todo su trabajo.

Había dejado atrás no solamente a su amigo de Viena, al que no obstante siempre permaneció agradecido, sino también a su personalidad Número Uno. En adelante, Jung se dedicó enteramente a su personalidad Número Dos. Mucha gente, de todas partes del mundo, iba a verle y le inspiraba, como él inspiraba a ellos. Solo, en su torre de piedra, permanecía en profundo e íntimo contacto con todo y todos los de aquella época, los que le habían precedido y los que le iban a seguir. En un día tormentoso de finales de primavera, a los ochenta y cinco años de edad, su larga y valiosa vida llegó a su término. Finalmente, su personalidad Número Uno le dejó para siempre. Pero su personalidad Número Dos sigue viviendo, porque no hubo un tiempo en que no fuera y no puede haber un tiempo en el que cese de ser...

«Mi vida ha sido en cierto sentido la quintaesencia de lo que he escrito»,[46] dice Jung en la introducción de su autobiografía. Por tanto su vida entera, su mito, debe ser percibido como un todo indivisible, como un desarrollo gradual y continuado de su propia y única semilla. Ningún suceso, ningún aspecto de su vida externa o interna es insignificante o irrelevante en relación a su trabajo.

> «Mi vida es lo que yo he hecho, mi trabajo científico; uno es inseparable del otro. El trabajo es la expresión de mi desarrollo interior; porque lo aprendido del contenido del inconsciente forma al ser humano y produce sus transformaciones. Mis obras pueden ser consideradas como estaciones a lo largo del camino de mi vida.»[47]

Hubo una época particularmente fecunda en la vida de Jung: cuando estaban germinando ideas nuevas, que más tarde le ocuparían el resto de su vida. Fue el período posterior a su ruptura con Freud, en el cual estuvo inmerso en la desorientación. Fue un tiempo de confusión, agitación, aislamiento, soledad, de caos interno. Jung se vio asaltado por sueños confusos, imágenes, visiones, una oleada de material inconsciente que a veces le hacía dudar de su propia cordura. Y, verdaderamente, en cierto sentido no se diferenciaba de una crisis psicótica. Pero fue también una crisis crucial, una de las más creativas estaciones a lo largo del camino de su vida. Fueron los años de la confrontación de Jung con su inconsciente.

Aquí retorna a nuestra mente la imagen del joven Siddhartha Gautama, el inocente y bien protegido príncipe, conmovido de pronto por la visión del aspecto trágico de la vida: la enfermedad, la vejez y la muerte; su determinación por encontrar respuestas al enigma de la vida, primero —sin conseguirlo—, a través de hombres sabios, y finalmente desde su propio interior, en profunda meditación, bajo el árbol bodhi. De forma similar, Jung tampoco pudo hallar respuestas a sus preguntas, ni en Freud ni en ninguna otra persona, libro o teoría; y así, al igual que Siddhartha, dejó todo atrás para tratar de descubrir las respuestas en su propia psique. En su autobiografía, Jung nos relata cómo él mismo tuvo que someterse a la experiencia original. Un día se sentó en su escritorio, y abandonándose, se sumergió en las profundidades de su psique, sometido a los impulsos espontáneos de su inconsciente.[48] Éste fue el principio de un experimento que duró varios años, que le aportó una gran riqueza de material, y que posteriormente formaría parte de las obras más importantes de Jung, de sus contribuciones más creativas. Durante este tiempo, no solamente observó cuidadosamente; también escribió, embelleciendo con dibujos, sus sueños, fantasías y visiones, configurando todo ello parte de su famoso Libro Rojo. Pero, por su formación científica, sintió la obligación de comprender el sentido de todo ese material. «Debía extraer conclusiones de las intuiciones que me había proporcionado el inconsciente, y la tarea iba a ser un trabajo para toda la vida.»[49] Debía demostrar que estas experiencias subjetivas, muy personales, eran experiencias potenciales de toda la humanidad, ya que eran una parte inherente de la naturaleza de la psique.[50] Fue, sin embargo, un camino revolucionario en la metodología científica, «una nueva forma de ver las cosas».[51] Por encima de todo, Jung debía probar que sus propias experiencias eran reales, y que otros también las podían tener: que el inconsciente era una realidad psíquica demostrable, pero que tenía su propio estilo y hablaba en su propio lenguaje, es decir, el lenguaje universal de las imágenes y los símbolos. Además, Jung se percató de que la intuición que había obtenido sobre el inconsciente debía transformarse en una obligación ética.

> «No hacerlo así, es caer presa del principio del poder, y esto produce efectos peligrosos que son destructivos no sólo para los demás, sino incluso para el conocedor. Las imágenes del inconsciente confieren una gran responsabilidad al ser humano. El no lograr comprenderlas, o *desentenderse de la responsabilidad ética, le priva de su totalidad e impone una penosa fragmentación a su vida.*»[52]

Este pensamiento es evocador de la ética budista, tal como se enuncia en el «Óctuple Sendero», es decir, acción correcta y meditación correcta. Cuando no se observa una conducta ética, el sufrimiento personal no puede ser eliminado, ni puede alcanzarse la totalidad individual. Jung comprendió, tal como Buda indicó mucho tiempo antes, que las ocupaciones meramente egocéntricas, desatendiendo a los demás, conducen a la confusión. Así, el conocimiento adquirido por medio del contacto con el inconsciente —a través de la «meditación correcta»—, para que tenga sentido, debe convertirse en una parte integral de la propia vida; debe ser transformada en «acción correcta». Después de casi seis años de ardua lucha con la oscuridad de su inconsciente, Jung empezó a tener los primeros atisbos de luz. El amanecer llegó cuando comenzó a dibujar mandalas: un mandala nuevo cada día. Mandala, que es la palabra sánscrita para círculo, es el modelo circular que se encuentra, a lo largo de la historia, en todos los elementos de la naturaleza, y en el arte y las danzas de todo el mundo. También es una imagen que reside en las profundidades de la psique humana y que emerge espontáneamente asumiendo diferentes formas. Generalmente cobra forma en tiempos de desorganización y caos interno, y es la manera en que la naturaleza restaura el equilibrio y el orden. Jung descubrió, a través de su propia experiencia, que cada uno de los mandalas que dibujaba era la expresión del estado interno de su ser en ese momento en particular. A medida que su estado psíquico cambiaba, también lo hacía el mandala que espontáneamente dibujaba. Llegó a la conclusión de que el mandala representaba «formación, transformación, la eterna recreación de la Mente Eterna».[53] Al mismo tiempo, se dio cuenta de que los esfuerzos que llevaba a cabo conscientemente, impulsados, por así decirlo, por su personalidad Número Uno, eran socavados por una fuerza más fuerte que le empujaba a tomar un camino diferente. En otras palabras, no podía elegir una meta; más bien era elegido por ella.

> «Tuve que dejarme llevar por la corriente, sin tener noción de adónde me conduciría. Sin embargo, cuando empecé a dibujar los mandalas, vi que todo, todos los caminos que había estado siguiendo, todos los pasos que había dado, me conducían de vuelta al mismo lugar, al punto central. Cada

> vez me resultaba más evidente que el mandala era el centro. Era el exponente de todos los caminos. Era el camino hacia el centro, hacia la individuación.»[54]

Ésa fue la respuesta a la poderosa y persistente pregunta que albergaba su mente, el interrogante acerca del sentido de todo este proceso y hacia dónde conducía este proceso. La meta era el Sí mismo, el alfa y omega del desarrollo psíquico, pues el Sí mismo es la protoimagen a partir de la cual emerge la persona y tiene lugar la culminación de su crecimiento.

Entonces Jung tuvo un sueño que simbolizaba su situación en ese momento (oscuridad y aislamiento, pero también la visión de luz y floración de una nueva vida) y a la vez, por medio de su elaborada imaginería, apuntaba sin error posible al centro, el Sí mismo, como meta.

> «Por medio de este sueño comprendí que el Sí mismo es el principio y arquetipo de orientación y sentido. En ello reposa su función curativa. Para mí, esta intuición significó una aproximación al centro y por lo tanto a la meta. De esto emergió un primer indicio de mi mito personal.»[55]

Este suceso adquirió una tremenda importancia. Punto crucial en la vida de Jung y en su trabajo, significó el clímax de su confrontación con el inconsciente, de los seis años de batalla solitaria con las oscuras profundidades de su psique. Jung describe estos años como

> «... los más importantes de mi vida, en los que se decidió todo lo esencial. Todo empezó entonces; los detalles posteriores son únicamente comple-

> mentos y clarificaciones del material que irrumpió fuera del inconsciente y que, al principio, me inundó. Era la *prima materia* para un trabajo de por vida.»[56]

Fue durante estos años cuando descubrió el inconsciente colectivo y desarrolló los conceptos de arquetipo y del Sí mismo. Pero todavía tenía mucho trabajo por delante: todas las fantasías y el material desbordado del inconsciente y las intuiciones que había tenido requerían ser edificados sobre la sólida base de una teoría científica. Este trabajo se desarrolló gradualmente cuando Jung conoció la alquimia.

Con la alquimia descubrió que, a diferencia de lo que ocurre en el cristianismo, el principio femenino es tan importante como el masculino. Los símbolos de la alquimia, «esos viejos conocidos» de Jung, le fascinaban.[57] Pero empezó a comprenderla realmente después de leer un texto chino de alquimia, *El secreto de la flor de oro*.[58] Éste debió de ser probablemente el principio de su interés por las filosofías y las tradiciones espirituales orientales. Para Jung, el secreto de la alquimia estaba en «... la transformación de la personalidad, a través de la mezcla y fusión de lo noble con los componentes de base... de lo consciente con lo inconsciente».[59] En la alquimia encontró una correspondencia con su psicología, lo que supuso una confirmación de la validez de su trabajo. No obstante, éste no fue el producto final del viaje creativo de Jung, porque no se detuvo en la psicología: fue más allá.

EL INCONSCIENTE COLECTIVO

La mayor contribución de Jung a la psicología fue su teoría del inconsciente colectivo. Sostuvo que este concepto no era una idea especulativa o un postulado filosófico, sino que se podía probar empíricamente.[60] Define el inconsciente colectivo como la parte de la psique que debe su existencia exclusivamente a la herencia, y no a las experiencias personales que fueron conscientes en un momento determinado para luego desaparecer de la conciencia. Este último es el estrato de la psique al que llama inconsciente personal, y que contiene todo el material que el individuo simplemente ha olvidado o reprimido, y ello de un modo deliberado o involuntario.[61] Así, Jung distingue entre el inconsciente personal, la psique subjetiva, y la psique objetiva, a la que llama inconsciente impersonal, transpersonal o colectivo. Descubrió el inconsciente colectivo a través de sus propios sueños y visiones, así como los de sus pacientes, incluyendo las fantasías de los esquizofrénicos. Observó que todo este material a menudo contenía imágenes mitológicas y símbolos religiosos. Entonces Jung llegó a la siguiente conclusión:

> «Además de nuestra conciencia inmediata, cuya naturaleza es completamente personal y que creemos que es la única psique empírica (incluso si calificamos al inconsciente personal como un apéndice), existe un segundo sistema psíquico de naturaleza colectiva, universal e impersonal, que es idéntica en todos los individuos. Este inconsciente colectivo no se desarrolla individualmente, sino que es heredado. Está constituido por formas preexistentes, los arquetipos, los cuales sólo pueden hacerse

conscientes secundariamente y que dan forma definitiva a ciertos contenidos psíquicos.»[62]

LOS ARQUETIPOS

Según Jung, los arquetipos —el contenido del inconsciente colectivo— son análogos a los instintos. Ambos son fuerzas dinámicas fundamentales de la personalidad humana, que persiguen sus metas inherentes en lo psíquico o en el organismo fisiológico respectivamente. Jung se refiere también a los arquetipos como imágenes primordiales, «las más antiguas y universales formas de pensamiento de la humanidad. Son tanto pensamientos como sentimientos.»[63] Pero debe subrayarse que los arquetipos no son ideas heredadas, sino meras propensiones de la psique humana que, al activarse, pueden expresarse en formas y sentido específicos.

> «Hay tantos arquetipos como situaciones típicas de la vida. Repeticiones infinitas han gravado estas experiencias en nuestra constitución psíquica, no en forma de imágenes llenas de contenido, sino al principio como *formas sin contenido*, que representan meramente la posibilidad de un cierto tipo de percepción y acción. Cuando ocurre una situación que corresponde a un arquetipo dado, éste se activa y aparece la compulsión, la cual, como un impulso instintivo, gana su carrera contra toda razón y deseo...»[64]

Al desarrollar el concepto de arquetipo y su dinamismo, Jung cita un ejemplo notable: la génesis de la idea de la conservación de la energía, atribuida a Robert

Mayer en el siglo XIX. Éste no era un físico que pudiera estar naturalmente preocupado por tal concepto, sino un médico, y la idea le vino de la forma más extraordinaria: durante un viaje a los trópicos. He aquí lo que Mayer escribió sobre su experiencia y descubrimiento:

> «Lejos estoy de haber ideado mi teoría en mi mesa de despacho. [A continuación aporta algunas observaciones fisiológicas que había hecho... como médico de a bordo.] Ahora bien, si queremos ser claros en cuestiones de fisiología, es esencial algún conocimiento de los procesos físicos, a menos que se prefiera abordar las cosas desde el lado metafísico, lo cual me resulta infinitamente desagradable. Así que me sumergí rápidamente en la física y perseveré en el tema con tanta afición que, aunque algunos puedan reírse de mí por esto, presté muy poca atención a esta remota parte del globo en la que estábamos, prefiriendo permanecer a bordo, donde podía trabajar sin interrupción y donde pasaba muchas horas *inspirado* de una forma tal como no recuerdo haberlo estado nunca antes. Algunos destellos de pensamientos, que me habían cruzado por la mente cuando estaba de camino a Surabaya, de repente fueron repitiéndose asiduamente y condujeron, a su vez, a temas nuevos. Esos tiempos han pasado, pero el tranquilo examen de aquello que vino a la superficie en mí me había enseñado que es una verdad que no sólo puede ser sentida subjetivamente, sino también probada objetivamente. Queda por ver si esto lo puede realizar un hombre tan poco versado en física como yo.»[65]

La pregunta que Jung se hizo a sí mismo fue: ¿de dónde surgió esta nueva idea y se impuso a la conciencia, y cuál es la fuerza, oculta tras ella, que abatió la personalidad? La respuesta sólo puede encontrarse aplicando la teoría de los arquetipos, es decir, que «la idea de la energía y su conservación debe ser una imagen primordial que reposaba en el inconsciente colectivo».[66] Entonces, Jung procede a demostrar que tal imagen primordial existe desde los tiempos más primitivos, expresada en diferentes formas, como por ejemplo la idea del demonio, el poder mágico, la inmortalidad del alma y muchas otras. La noción de energía, su conservación o, mejor dicho, su transmutación, es el concepto fundamental en todos los Tantras.

EL SÍ MISMO

Como se ha expuesto anteriormente, existen incontables arquetipos, pero el que abarca a todos, la quintaesencia de ellos, es el Sí mismo. Es el principio organizador, guía y unificador que da a la personalidad dirección y sentido en la vida. Es el principio, la fuente de la personalidad y su meta última, la culminación del propio crecimiento, es decir, la autorrealización. El Sí mismo es el *homo totus*, el ser humano atemporal, que no solamente expresa su individualidad única y la totalidad, sino que es también el símbolo de la divinidad del ser humano, cuando alcanza el cosmos y su microcosmos refleja el macrocosmos.

> «Intelectualmente, el Sí mismo no es más que un concepto psicológico, una construcción que sirve para expresar una esencia incognoscible, que no

podemos comprender como tal, pues por definición trasciende nuestra capacidad de comprensión. Se le puede también llamar "Dios dentro de nosotros". El principio de toda nuestra vida psíquica parece estar inextricablemente enraizado en este punto, y todos nuestros proyectos más elevados y últimos parecen tender fuertemente hacia él.»[67]

Jung también se refiere al Sí mismo como algo unitemporal y único, a la vez que universal y eterno; el primero expresa la esencia del hombre; el otro, una imagen de Dios, un símbolo arquetípico.[68]

INDIVIDUACIÓN

Entre las fases del Sí mismo como fuente al principio, y el Sí mismo como meta en su destino último, hay un desarrollo continuado al que Jung ha llamado el proceso de individuación. Es el desarrollo de la integración de la personalidad. Este proceso psíquico universal, arquetípico, es autónomo e inconsciente, y sigue su curso desde tiempos inmemoriales. Refleja la lucha de la psique por armonizar su contenido consciente e inconsciente, y es el impulso natural y espontáneo hacia la autorrealización, la totalidad y la búsqueda de sentido. Colectivamente, se ha expresado en multitud de mitos y símbolos, en los que la humanidad ha dado forma externa a sus experiencias internas. En lo individual, aunque el proceso esté siempre en marcha, dado que la psique nunca descansa, puede mantenerse puramente inconsciente o convertirse en una tarea consciente. Que conduzca en una dirección o en otra, depende de la intervención de la conciencia. La diferencia entre las dos orientaciones es tremenda, y sus resultados muy alejados. En un caso, cuando la conciencia no está involucrada, «el fin permanece tan oscuro como el principio». En el otro, «la personalidad es penetrada por la luz» y la conciencia se expande más ampliamente y se intensifica.[69]

Gracias a la alquimia y su simbolismo, Jung se dio cuenta de que la transformación de la personalidad ocurre con la interacción entre el ego y el inconsciente, a partir de la cual emerge un nuevo ser. Es un nuevo ser, aunque no enteramente nuevo porque ha estado siempre ahí, pero dormido y escondido en el caos del inconsciente. El proceso requiere una comunicación abierta entre la mente consciente y su contraparte inconsciente, una sensibilidad hacia las señales del inconsciente, que se comunica en el lenguaje de los símbolos. Es el diálogo constante entre lo externo y lo interno, la vida mundana y su dimensión simbólica: los sueños, las fantasías, las visiones.

La ardua tarea de la confrontación consciente con el inconsciente tiene el efecto de expandir la conciencia, de disminuir los poderes soberanos del inconsciente y de producir la renovación y transformación de la personalidad. Este cambio, objeto principal de la alquimia y de la psicoterapia de Jung, se lleva a cabo a través de lo que Jung llamó la función trascendente.[70]

En verdad, es más que una tarea ardua y a menudo dolorosa, como experimentó Jung por sí mismo. Es una batalla entre dos fuerzas opuestas, luchando cada una por sus derechos; la batalla entre la razón y la racionalidad contra el caos y la irracionalidad. Al mismo tiempo, debe haber una colaboración entre las actitudes conscientes e inconscientes de la psique: la conciencia debe prestar atención a su contraparte inconsciente, debe escuchar a las voces internas, de forma que este último pueda cooperar con la conciencia en lugar de agitarla.

> «La confrontación de las dos posiciones genera una tensión cargada de energía y crea un tercer elemento viviente, un movimiento a partir de la suspensión entre los opuestos, un nacimiento vivo que conduce a un nuevo nivel del ser...»[71]

Dado que el proceso apunta hacia la total transformación de la personalidad, no debe excluirse nada que le pertenezca, ningún aspecto.[72] Y la consumación de esta unión de los opuestos para crear una nueva vida debe ser acompañada no sólo por Logos, el principio racional, sino también por Eros, el principio de relación.[73]

Así, la individuación conduce desde la unidad, la vacuidad, el estado indiferenciado del inconsciente, *participation mystique*,[74] a una diferenciación creciente, la supremacía del ego, a la unidad, vacuidad de nuevo, que se ha convertido en plenitud, al Sí mismo, el mandala. El final se ha reunido de nuevo con su principio, y la meta con su fuente original.

ALQUIMIA

La evolución de la personalidad o, como Jung lo llamaba, el proceso de individuación, ha sido expresado en términos diferentes por el simbolismo y la alquimia. Aunque los alquimistas se impusieron como tarea la revelación de los secretos de la materia y la transformación química, su labor reflejaba, ante todo, un proceso psíquico paralelo que encontró una fuerte resonancia en la mente de Jung, provocando un enorme impacto en su trabajo.

Para Jung, los experimentos de los alquimistas, la totalidad del *opus* alquímico, era de naturaleza psíquica, más que la búsqueda del secreto de la obtención del oro. Los mismos alquimistas proclamaban: *«Aurum nostrum non est aurum vulgi.»*[75] Trabajando en su laboratorio, el alquimista tenía ciertas experiencias psíquicas que atribuía a las propiedades de la materia; Jung creía que, de hecho, estaba experimentando su propio inconsciente. «Tratando de explorarla [la materia], proyectaba el inconsciente en la oscuridad de la materia para iluminarla.»[76]

Generalmente se ha entendido que el propósito de la alquimia era producir una sustancia milagrosa: oro, panacea, elixir de la vida. Pero en realidad, por encima y más allá de esto, la verdadera esencia de todo trabajo alquímico consistía en un ejercicio espiritual cuya meta no era otra que la transformación interior, liberar a Dios de las tinieblas de la materia.[77] La desconcertante profusión de complicados y grotescos símbolos alquímicos describe pictóricamente el proceso de cambio del sueño psíquico al despertar y las etapas a lo largo de ese viaje. Jung halló en este simbolismo una ilustración de lo que llamó el proceso de individuación: el desarrollo gradual desde un estado inconsciente a uno consciente, y el proceso curativo subordinado a éste.[78]

En la alquimia medieval europea, que Jung descubrió a través de la alquimia china, encontró las raíces espirituales de una tradición occidental que se dirigía a los mismos temas que le habían preocupado toda su vida. Así pues, la alquimia le proporcionó una base histórica, así como una validación de sus propios descubrimientos.

Como en la psicología de Jung, en el procedimiento alquímico los opuestos y su unión desempeñan un papel de gran importancia. La unión es la fuerza motivante y la meta de todo el proceso. Pero, al principio, los opuestos forman un dualismo, concebido en términos tales como: superior e inferior, frío y caliente, espíritu (alma) y cuerpo, cielo y tierra, luminoso y oscuro, activo y pasivo, precioso y vulgar, bueno y malo, descubierto y oculto, exterior e interior, oriente y occidente, dios y diosa, masculino y femenino.[79]

Los opuestos primordiales son la conciencia y el inconsciente, cuyos símbolos son el Sol y la Luna; el primero representa el lado diurno de la conciencia y el segundo el nocturno; los principios masculino y femenino. Las sustancias alquímicas correspondientes son sulfuro y sal. El sulfuro, debido a su asociación con el Sol, es el principio masculino que expresa la conciencia. En los textos alquímicos se alude a él como «la semilla universal y masculina», «el espíritu de poder generativo», la «fuente de iluminación y todo conocimiento». Tiene una doble naturaleza: en su forma cruda inicial, es ardiente y corrosivo, y de olor repulsivo, pero cuando se transmuta «limpia todas las impurezas, es el material de nuestra piedra».[80] La sal, debido a su asociación con la Luna, es el principio femenino y expresa diversos aspectos del inconsciente. Al igual que su complemento, el sulfuro, la sal posee una doble naturaleza: en su forma no refinada, la que proviene del mar, es amarga y áspera como las lágrimas y la pena, aunque al mismo tiempo, cuando se transmuta, es la madre de la sabiduría. Como el principio de Eros, lo conecta todo. La sal está también asociada a la tierra, y como tal representa a la Gran Madre y el arquetipo de la deidad femenina.

Empezando con la sustancia original, la *prima materia* que contiene los opuestos, la tarea del alquimista es armonizarlos, llevarlos a la unidad que culmina en el «matrimonio químico», la consumación de su trabajo. Jung postula que, en un plano psicológico, la unión de los opuestos no puede alcanzarse solamente a través del ego consciente —mediante la razón, el análisis— que separa y divide; tampoco sólo por el inconsciente —que une—; se requiere un tercer elemento, la función trascendente. De la misma forma, para que tuviera lugar la conjunción, el alquimista necesitaba un tercer factor, un médium, que era Mercurius (mercurio). Así pues, está el sulfuro, el principio masculino; la sal, su contraparte femenina; y el mercurio, la sustancia que es tanto líquida como sólida. Por naturaleza, Mercurius es andrógino y tiene algo tanto de los elementos masculinos como de los femeninos; unifica en sí mismo lo espiritual y lo físico, lo más elevado y lo más bajo.

La alquimia está llena de paradojas —como lo está el trabajo de Jung— pues las paradojas son la única forma de expresar remotamente lo inexpresable, los fenómenos de la psique que únicamente se pueden aprehender a través de la experiencia directa.[81] El misterioso Mercurius es la paradoja *par excellence*. La fértil imaginación del alquimista aportó innumerables sinónimos de Mercurius y las descripciones más fantásticas de sus atributos. Lo que sigue es un ejemplo, tomado de un tratado de alquimia, en el que el alquimista le pide a la naturaleza que le hable de su hijo Mercurius, y ella responde:

> «Debes saber que tengo un solo hijo como éste; es uno de siete y el primero entre ellos, y aunque ahora sea todas las cosas, al principio era sólo una. En él se hallan los cuatro elementos, aunque no es un elemento. Es un espíritu, aunque tiene cuerpo; un hombre aunque realiza la parte de la mujer; un

niño aunque lleva armas de hombre; una bestia, aunque tiene alas de pájaro. Es veneno, aunque cura la lepra; vida, aunque mata todas las cosas; un rey, aunque otro ocupa su trono; huye del fuego, aunque el fuego se toma de él; es agua, aunque no humedece las manos; es tierra, aunque es nieve; es aire y vive por el agua.»[82]

Jung reconoció, en los múltiples y paradójicos aspectos de Mercurius, un reflejo de la naturaleza del Sí mismo que es un *complexio oppositorum*, y debe necesariamente ser así, si tiene que simbolizar la totalidad del hombre. Para Jung, Mercurius representaba no solamente el Sí mismo, sino también el proceso de individuación y, debido al número ilimitado de sus nombres, también el inconsciente colectivo.[83]

La primera fase del proceso alquímico era la etapa negra, *nigredo*, caracterizada por la confusión, la frustración, la depresión, «la noche oscura del alma» de san Juan de la Cruz, en la que, no obstante, están contenidas todas las semillas y potencialidades del desarrollo futuro. Entonces, al igual que el fuego de la retorta alquímica, el fuego psíquico purifica los elementos y se lleva a cabo la segunda fase blanca, *albedo*. Es la etapa de la clarificación e intensificación de la vida y la conciencia. La fase final es la etapa roja, cuando el drama alcanza su conclusión: el proceso químico de *coniunctio*, la aparición de la piedra filosofal y al mismo tiempo la consumación de la síntesis psíquica: la emergencia del Sí mismo.

¿Qué es la piedra filosofal, el *lapis*? Se dijo que curaba y otorgaba la inmortalidad. Para Jung, «el *lapis* es una entidad fabulosa de dimensiones cósmicas que sobrepasa la comprensión humana». Como «la totalidad del hombre, el Sí mismo está por definición más allá de los límites del conocimiento».[84]

Sin embargo, para el alquimista Gerhard Dorn, el *lapis* no era la consumación del arte. La conjunción final y más elevada era la unión de todo el ser humano con el *unus mundus*, el mundo uno. Es cuando la psique individual alcanza la eternidad, la identidad de lo personal con lo transpersonal. Es el acontecimiento numinoso, el misterio de la *unio mystica*, o, en las tradiciones orientales, las experiencias del *tao*, *samadhi* o *satori*.[85]

Jung llegó a la conclusión de que las fases del procedimiento alquímico (la reconciliación de los opuestos conflictivos en una unidad) tenía su paralelo en las etapas del proceso de individuación.[86] En sus sueños, al igual que en los de sus pacientes, podía a veces percibir una descripción del mandala, que simbolizaba la multiplicidad del mundo fenoménico dentro de una unidad subyacente. El simbolismo del mandala representa el equivalente psicológico del *unus mundus*, mientras que su equivalente parapsicológico es el concepto junguiano de sincronicidad.

LA SINCRONICIDAD

Todos los descubrimientos de Jung fueron acompañados de sueños o sucesos sincrónicos que le señalaban el camino o bien le confirmaban que estaba actuando en la dirección correcta. En la época en que diligentemente dibujaba mandalas, pintó un cuadro de un castillo dorado. Esa pintura resultó especialmente intrigante por su cualidad china, hecho que le dejó perplejo. Poco después recibió, del sinólogo Richard Wilhelm, una copia de *El secreto de la flor de oro*, un antiguo texto chino de alquimia que marcó el inicio de su fascinación por ésta. Que Jung recibiera el manuscrito chino era un suceso sincrónico y, además, estaba conectado con un mandala pintado por Jung. Esta sorprendente coincidencia, este hecho único, contenía en sí mismo tanto el simbolismo del mandala como el principio de sincronicidad, es decir, la doble expresión de *unus mudus*: la psicológica y la parapsicológica. Y, verdaderamente, Jung sintió el poderoso efecto que se experimenta en momentos de encuentro con el *unus mundus*. Este hecho ocurrió cuando el ciclo de su alienación estaba por terminar. En su autobiografía Jung recuerda: «Éste fue el primer suceso que rompió mi aislamiento. Me di cuenta de una afinidad: podía establecer lazos con algo y alguien.»[87] Quizá no es una mera coincidencia que Jung, por primera vez, anunciara al mundo su concepto de sincronicidad en un homenaje a su amigo Richard Wilhelm, el hombre que tuvo un papel tan significativo en un período crucial de la vida de Jung.

La sincronicidad es el concepto más abstracto y evasivo de Jung. Jung describe la sincronicidad como «una *coincidencia significativa* de dos o más sucesos, en la que está implicado algo más que la probabilidad del azar».[88] La conexión de los sucesos no son el resultado del principio de causa y efecto sino de algo más, a lo que Jung llamó un principio de conexión acausal. El factor crítico es el sentido, la experiencia subjetiva que le ocurre a la persona: los sucesos están conectados de una forma significativa, es decir, los sucesos del mundo interno y externo, lo invisible y lo tangible, la mente y el universo físico. Esta aparición conjunta en el momento correcto sólo puede ocurrir sin la intervención consciente del ego. En realidad, está preparada en el inconsciente de la psique, y es como si la psique tuviera su propio designio secreto, prescindiendo de los deseos conscientes del ego. Este tipo de sucesos sincrónicos, en mayor o menor medida, ocurren a mucha gente en la vida diaria pero, al igual que con los sueños, si no los reconocemos y les prestamos atención, quedan sin significado.

Jung pone ejemplos a partir de su práctica, cuando los pacientes que estaba tratando tenían coincidencias misteriosas que los ponían en contacto con un nivel más profundo que el de la experiencia de la conciencia, y les convencían de forma dramática e inequívoca de la realidad y lo ilimitado del inconsciente. Ofrece especial interés el caso de una mujer joven y bien instruida, quien, con su mente lógica y unidireccional, era tenazmente insensible a los esfuerzos de Jung para ablandar su racionalismo. Un día, mientras le estaba contando su sueño del día anterior, que trataba de un escarabajo dorado que le ofrecían, un insecto volador chocaba persistentemente contra la ventana, tratando obviamente de entrar en la habitación. Jung abrió la ventana, dejó entrar al insecto y lo cogió. El insecto resultó ser un escarabajo dorado verdoso, muy parecido al escarabajo del sueño.

> «Entregué el escarabajo a mi paciente con las palabras, "aquí está su escarabajo". Esta experiencia perforó el agujero deseado en su racionalismo y rompió el hielo de su resistencia intelectual. El tratamiento pudo entonces continuar, con resultados satisfactorios.»[89]

Al desarrollar este concepto de sincronicidad, Jung lo relaciona con los descubrimientos de la física teórica moderna, de la que había aprendido que, en el mundo microfísico, la causalidad y la predicción no son válidas.[90] Llegó a la conclusión de que existía un fondo común entre la microfísica y su psicología profunda.[91] Al mismo tiempo, Jung volvió a la antigua filosofía china y reconoció que existía una correspondencia entre la sincronicidad y la idea inefable del *tao*. De hecho, su mayor inspiración para el desarrollo del concepto de sincronicidad fue el *I Ching*, el *Libro de los cambios* chino y su método, del que Jung tenía una experiencia personal. Los dos sistemas aparentemente opuestos, el científico racional y el intuitivo filosófico, no son de ninguna manera contradictorios. En su libro *El Tao de la física*, Fritjof Capra apunta a este tema en concreto, y afirma la existencia de paralelismos muy próximos entre los conceptos básicos de la física moderna y las enseñanzas místicas orientales. Los descubrimientos de la física teórica revelan un universo que es un proceso armónico, unificado, un tejido dinámico de elementos interrelacionados. Éste es, precisamente, el pensamiento fundamental en las filosofías budista y taoísta. Y para Jung, los sucesos sincrónicos apuntan a «una profunda armonía entre todas las formas de existencia».[92] Cuando se experimenta como tal, se convierte en un suceso tremendamente poderoso que da al individuo un sentido de trascendencia del tiempo y del espacio.

3

Los métodos en la psicología de Jung y en el budismo tibetano

LA CURA DE LAS ALMAS

La «cura de las almas», dice Jung en su libro *Memorias, sueños, reflexiones*, es su tarea.[93] A diferencia de la mayoría de las terapias convencionales, cuyas metas son básicamente el ajuste de la personalidad y la curación de los síntomas, y a cuyo fin se aplican técnicas terapéuticas manipulativas, la psicoterapia de Jung aspira a la curación del alma, la aproximación a lo espiritual. No se propone únicamente la curación de la patología, sino, sobre todo, la realización de la totalidad individual o autorrealización. En lo profundo de cada ser humano se esconde una semilla de todo el desarrollo futuro que, en su sentido último, es una semilla de la divinidad; la profunda tarea de la psicoterapia de Jung es ayudar al desarrollo y maduración de esta semilla hasta su máximo potencial. ¿Qué métodos desarrolló Jung para alcanzar su meta? Jung nos dice que encontró un modelo y un principio conductor para su método de tratamiento en el proceso natural de individuación.[94] El proceso de individuación es un proceso esencialmente autónomo e inconsciente, en el que la psique, en su impulso espontáneo y natural hacia la totalidad, se esfuerza por armonizar sus contenidos conscientes e inconscientes. Así, el terapeuta, dice Jung, «debe seguir a la naturaleza como guía» y su intervención es «menos una cuestión de tratamiento que de desarrollo de las posibilidades creativas latentes en el paciente mismo».[95]

Jung observó que aquellos pacientes que conseguían liberarse de la esclavitud de los problemas de su vida, y alcanzaban niveles psíquicos de desarrollo e integración más elevados, en esencia no habían hecho nada; sólo permitieron que las cosas ocurrieran. Dejaron que su inconsciente les hablara en silencio, escucharon con paciencia sus mensajes y les prestaron la más seria y total atención. En otras palabras, establecieron una relación consciente con sus procesos inconscientes.

> «El arte de dejar que las cosas ocurran, la acción a través de la inacción, dejarse llevar, como decía el maestro Eckhart, se convirtió para mí en la llave que abre la puerta del camino. Debemos ser capaces de permitir que las cosas sucedan en la psique. Para nosotros, éste es un arte del que mucha gente no sabe nada. La conciencia está siempre interfiriendo, ayudando, corrigiendo y negando, sin dejar nunca que el proceso psíquico crezca en paz.»[96]

Cuando no se obstaculiza el crecimiento del proceso psíquico, el inconsciente fertiliza a la conciencia, y la conciencia ilumina al inconsciente; la mezcla y unión de los dos opuestos produce un conocimiento incrementado y una ampliación de la personalidad. Jung postula que esto puede realizarse mejor cuando el proceso no está regulado desde fuera, y el terapeuta no interfiere en el funcionamiento de la naturaleza. Según va ampliándose la personalidad, la conciencia aumenta, se transforma y emerge un nuevo centro de personalidad —el Sí mismo— mientras que las tendencias del ego disminuyen. El nuevo centro atrae hacia sí todo aquello que, auténtica y genuinamente, pertenece a lo singular de la personalidad. La integridad y unidad del individuo se establecen gradualmente a partir de su proyecto de base original, y todo lo que no es esencial, lo superfluo, lo sobreimpuesto, se desvanece. El ego, que se ha desarrollado como respuesta a las presiones y dictados del mundo exterior y el entorno cultural, cede en este punto y da paso a las presiones e impulsos del mundo interno individual, su ser interno, su alma, el Sí mismo. Así, el ego ha sido sacrificado al Sí mismo; la existencia mundana ha adquirido un sentido, el individuo ha entrado en contacto con lo espiritual. Su condición inconsciente inicial se ha transformado en una conciencia más elevada, y el círculo de la personalidad, cuyo símbolo es el mandala, ha sido completado. Nadie sabe cómo ocurre la armonización entre lo consciente y lo inconsciente, pues es un proceso irracional de la vida. En la psicoterapia de Jung no hay métodos fijos de tratamiento; los métodos se desarrollan de forma natural a medida que progresa el trabajo y según las necesidades de cada paciente. Cada individuo es único e impredecible, por ello Jung ordena a los terapeutas que se liberen de todos los preconceptos y suposiciones teóricas, y que abandonen todos los métodos y técnicas.[97] Jung nos dice de él que es deliberadamente asistemático, y, para decirlo de alguna manera, el único método es la comprensión del individuo. «Necesitamos un lenguaje diferente para cada paciente.»[98]

Sin embargo, en su práctica, Jung utilizó continuamente dos métodos básicos: el trabajo con los sueños y la imaginación activa. Mientras que la historia de la interpretación de los sueños se remonta a la antigüedad, la imaginación activa es el producto original de la técnica de Jung. Él veía el proceso de la imaginación activa como un equivalente de la operación alquímica. En esencia, implica un continuo diálogo entre dos opuestos, la conciencia y el inconsciente, durante el cual todos los aspectos del ser se integran gradualmente. Este trabajo de reconciliación y unión de los opuestos conduce a la transformación psicológica.

El proceso consta de varias etapas. Inicialmente, se trata de inducir un estado de tranquilidad en la mente, libre de pensamientos, y simplemente observar de manera neutral, sin juzgar, sólo para captar el surgimiento y el desarrollo de contenidos inconscientes, fragmentos o fantasías. Esta parte es muy parecida a las prácticas básicas de meditación. La experiencia se registra tanto por escrito como mediante cualquier otra forma tangible: un dibujo, una pintura, una escultura, una danza o alguna otra variedad de expresiones simbólicas.[99]

En la etapa siguiente, la mente consciente empieza a participar activa y deliberadamente en una confrontación con el inconsciente. El sentido del producto inconsciente y su mensaje deben ser entendidos y reconciliados con la posición y las demandas de la mente consciente. Como afirma Jung:

> «Es exactamente como si tuviera lugar un diálogo entre dos seres humanos con los mismos derechos; cada uno de ellos da crédito al otro sobre la validez de su argumento y lo considera valioso, bien para modificar el punto de vista conflictivo por medio

> de una concienzuda comparación y discusión, o bien para distinguir claramente uno de otro.»[100]

Finalmente, cuando el ego y el inconsciente han llegado a un acuerdo, y tenemos la capacidad de vivir conscientemente, debemos seguir una actitud ética y mantener un compromiso: ya no podemos vivir como si no conociéramos el funcionamiento escondido del inconsciente.[101]

Se debe insistir en que los principios de la psicología de Jung no se aplican como un método de tratamiento médico, sino más bien como una autoformación. La psicoterapia, dice Jung,

> «... trasciende sus orígenes médicos y deja de ser únicamente un método para tratar al enfermo. En este caso, se trata al paciente como a un individuo sano que posee el derecho moral de sanarse psíquicamente, cuya enfermedad es, como máximo, el sufrimiento que a todos nos atormenta. Por ello, puede afirmarse que la psicología analítica colabora al bienestar común.»[102]

A través de su psicoterapia, Jung trata de provocar en sus pacientes un estado de fluidez en el que experimenten el cambio y el crecimiento sin estar apegados a ninguna condición fija. Al mismo tiempo trata de que surja en ellos un sentido de sus conexiones suprapersonales, para ampliar sus capacidades de expandir su conciencia más allá del nivel personal.[103] Esto es especialmente importante para el hombre moderno, cuya actitud racional ha frustrado y reprimido la dimensión espiritual de la vida. Jung recalca que el reino espiritual o religioso de la experiencia no remite a ningún credo, dogma o categoría metafísica, sino que es una función psíquica fundamental, de enorme significación.[104] Reconoce que no hay curación personal si no se recobra una perspectiva religiosa de la vida.[105]

El papel del terapeuta, y la estrecha relación entre éste y el paciente, tiene una importancia central en la terapia. Para Jung, la terapia es un proceso dialéctico en el que se confrontan dos realidades psíquicas, y ambas deben resultar afectadas y modificadas en el encuentro.[106] El terapeuta no puede ser inmune a la experiencia, no menos que el paciente, si la terapia ha de ser efectiva. Los conceptos son instrumentos de protección frente a la experiencia, gracias a los cuales el terapeuta puede mantener una distancia conveniente, y por otro lado, no hay ninguna obligación para con los conceptos. Pero, como dice Jung, «el espíritu no mora en los conceptos».[107] Igualmente, los terapeutas no deben parapetarse tras la pantalla de la autoridad profesional, porque con esta actitud se privan de una importante información obtenida a través del canal de su inconsciente.[108] Al mismo tiempo, Jung es muy vehemente en permitir que sus pacientes alcancen la madurez psicológica, la autoconfianza y la independencia del terapeuta. Como el aprendiz de alquimista, los pacientes pueden aprender «todos los trucos del laboratorio», pero finalmente deben comprometerse en el *opus* ellos mismos, pues «nadie puede hacerlo [por ellos]».[109] Por tanto, el proceso sin fin de la individuación debe continuar mucho tiempo después de que la terapia formal haya acabado. Y, hablando desde el punto de vista del terapeuta, Jung nos cuenta cómo los numerosos encuentros que tuvo con personas diferentes en su trabajo terapéutico constituyeron para él una experiencia de aprendizaje de incalculable valor, y las interacciones mejores y más significativas de su vida.[110]

Es importante subrayar que la individuación no sólo conduce a la ampliación de la personalidad, sino también a la de las relaciones colectivas. Contrariamente a lo que algunos piensan, la individuación no es un equivalente de aislamiento y abdicación de las responsabilidades éticas y sociales; por el contrario, la conciencia personal y la conciencia colectiva se intensifican al mismo tiempo en una progresión natural, espontánea. El proceso de individuación, dice Jung, «... provoca el nacimiento a la conciencia de la comunidad humana, precisamente porque nos hace conscientes del inconsciente, que une y es común a todos los seres humanos. La individuación está relacionada con uno mismo y a la vez con la humanidad, puesto que cada individuo forma parte de la humanidad.»[111]

Aquí nos encontramos en el mismo terreno que la idea budista de la compasión, que no es sino el otro aspecto de la sabiduría: la sabiduría y la compasión son las dos caras de la misma moneda: una representa la conciencia personal, y la otra la conciencia transpersonal, y ambas son indispensables para alcanzar la iluminación.

Por último, se debe señalar que el trabajo de Jung es de naturaleza tan atemporal y de proporciones tan ilimitadas que es imposible, incluso remotamente, transmitir completamente su sabor y significado así como su impacto potencial en la psique de un individuo. Además, su trabajo, junto con su vida, ha pasado a través de sucesivas etapas de desarrollo y no puede revelarse fácilmente en un estudio casual, o centrándose en un solo aspecto, menos aún analizando sus métodos. Es necesario aproximarse a él en su totalidad; e incluso así, comprenderlo no es tarea fácil.

He aquí un interesante comentario sobre esta cuestión por uno de los discípulos de Jung, Ira Progoff:

> «... había observado ... que, donde quiera que sus teorías [las de Jung] y prácticas se habían enseñado específicamente como psicología junguiana, se enfatizaba la estructura de pensamiento con su sistema de términos y conceptos. Me di cuenta de que ello se debía a que los términos podían ser enseñados, mientras que no podía hacerse lo mismo en relación al *poderoso conocimiento directo* que Jung había alcanzado...»[112]

Progoff, durante una conversación con Jung, le expuso su opinión. Tras discutir largamente el asunto, Progoff, aún inquieto, planteó a Jung la siguiente pregunta:

> «"Supongamos", le pregunté, "que estuviera usted libre de todos los problemas que implica el hacer una formulación intelectualmente válida de sus métodos; supongamos que pudiera exponerlos sin considerar cómo pueden ser mal interpretados o mal utilizados por otros. Supongamos que pudiera exponerlos de una forma que se ajustara a sus verdaderos sentimientos respecto a ellos, ¿cómo sería?» "Ah", dijo. "Sería demasiado divertido. Sería un toque Zen."»[113]

Progoff interpreta que la referencia de Jung al toque Zen significa que su trabajo debe reducirse a lo esencial, realizable únicamente más allá de la racionalidad.[114]

Personalmente, creo que la referencia de Jung al Zen, en su más pura simplicidad, revela, de forma más impresionante que cualquier otro contenido elaborado, la esencia de su método dinámico.

De la misma forma que la «cura de las almas» era la tarea y el papel de Jung, el sufrimiento y la emancipación del sufrimiento, o liberación, constituye la meta última del budismo. Incluso antes de que surgiera el budismo, éste era el problema esencial de la filosofía india, pero la contribución principal y singular del budismo a la filosofía india fue el método. Buda, gracias a su propia experiencia, comprendió e insistió repetidamente en que las especulaciones filosóficas y metafísicas y el pensamiento abstracto, solos, no tienen impacto en la vida del individuo. Únicamente el conocimiento obtenido a través de la experiencia directa tiene un valor vivificante. Por esta razón, Buda mantenía el «noble silencio» cuando se le preguntaba sobre la naturaleza de lo Absoluto, desde un plano metafísico, o sobre «las verdades eternas». En su lugar, señalaba el camino e insistía en que cada uno de nosotros, individualmente, debe encontrar soluciones a sus problemas existenciales fundamentales, no a través del intelecto o del pensamiento lógico, sino a través del desarrollo de una conciencia más elevada, el *bodhi*; lo Absoluto, lo infinito, lo espiritual, no debe ser conceptualizado, sino realizado en el interior de uno mismo. Las visiones de Buda y su intuición penetrante, la transformación de su propia conciencia durante la meditación bajo el árbol bodhi, no podían transmitirse con palabras. Él sólo podía mostrar el camino, el método. En su verdadera esencia el camino es simple, pues no debe buscarse en lugares lejanos, escondidos, ni en libros y sagradas escrituras, sino en lo profundo de uno mismo.[115] En este sentido, no difiere del trabajo del aprendiz de alquimista, o del paciente de Jung.

Cuando se lleva a cabo la transformación de la conciencia en las profundidades de la psique del individuo, lo metafísico deja de ser metafísico y se experimenta como conocimiento intuitivo, conocimiento absoluto, iluminación. Como dice Lama Govinda:

> «... lo que hiere al hombre no es la creencia (en el sentido de la aceptación de un dogma definitivo), sino el hacerse consciente de la realidad, que posteriormente es metafísica para nosotros únicamente mientras no la hemos experimentado ... Visto desde fuera (como un sistema) el budismo es metafísica; visto desde dentro (como una forma de realidad) es empirismo. Cuando "lo metafísico" se revelaba en el camino de la experiencia interior, no era rechazado por Buda, solamente lo hacía cuando se trataba de un pensamiento surgido de la especulación. La metafísica es un concepto enteramente relativo, cuyos límites dependen del respectivo plano de experiencia, de la respectiva forma y extensión de la conciencia. Buda superó la metafísica y sus problemas, no simplemente ignorándolos, sino de una forma absolutamente positiva en la que, a través del adiestramiento y la expansión de la conciencia, hizo retroceder las fronteras de esta última, y así lo metafísico devino lo empírico.»[116]

Aquí me viene a la memoria la afirmación de Jung de que basaba su trabajo en hechos empíricos, y por otro lado, el que le acusaran de místico; evidentemente tal acusación provenía de aquellos que interpretaron mal su trabajo, o mejor, que carecían de la experiencia adecuada para comprender la realidad de éste. Gran parte de su obra, que fue considerada «mística», ha sido confirmada por los descubrimientos de la ciencia moderna, de modo que lo metafísico se ha convertido en empírico.

Hay muchas maneras, muchos caminos de llegar a la liberación, la meta de todas las escuelas del budismo. En su esencia desnuda, todo camino equivale a una transformación radical de la conciencia, a una muerte simbólica y a un renacimiento de una forma profana a una forma espiritual de ser. (O en términos junguianos el sacrificio del ego para la emergencia del Sí mismo.)

Para responder a las diferentes necesidades y temperamentos de los distintos individuos, se han desarrollado muchos métodos. Especialmente en el budismo tántrico, existe multitud de métodos y técnicas, todos ellos dirigidos a los tres aspectos del hombre: cuerpo, palabra y mente.

El método fundamental, y que utilizó el propio Buda en su proceso de transformación, es la meditación. En el camino tántrico, o Vajrayana, al principio, como prácticas preliminares, se siguen diferentes métodos de meditación para calmar, adiestrar y disciplinar la mente, alcanzar la concentración unidireccional, y cultivar la atención y la conciencia. Sobre estas bases se practica un método más complejo, característico del vehículo Vajrayana, llamado visualización. Durante la visualización, los que meditan construyen imágenes mentales de diferentes grados de complejidad que representan deidades tántricas pacíficas y bellas, o bien coléricas y terroríficas, con las que se identifican y las cuales, a su vez, les guían a través del proceso.

Cada deidad corresponde a una fuerza vital del interior profundo del individuo y, por la unión con diferentes deidades, el meditador entra en contacto con estas fuerzas —positivas o negativas— y las utiliza, o mejor, las transmuta, para alcanzar estados de conciencia más elevados. El método se basa en supuestos que son irracionales y que sólo pueden ser comprendidos de la forma en que podemos comprender el irracional proceso de vida mencionado anteriormente al hablar del método de la psicoterapia de Jung.

Los meditadores reciben una deidad elegida de acuerdo con sus necesidades específicas y con sus capacidades espirituales. Se los instruye para que dediquen la máxima atención a la forma de la deidad que van a crear en su mente. La imagen se visualiza detalladamente en toda su complejidad y color, hasta que ésta se hace tan real como los mismos practicantes. En realidad, no solamente contemplan la deidad: se identifican a sí mismos *como* la deidad. Por un instante, han sido transfigurados en la divinidad: su esencia arquetípica les ha sido transferida. Durante este período de identificación con la deidad, generan lo que se llama «el orgullo divino», el orgullo de ser un buda.[117]

El punto esencial de la visualización consiste en esta unión con la deidad. Es un proceso dinámico en el que el ego del meditador, su conciencia ordinaria, se abandona y se sustituye por la conciencia superior de la divinidad. Utilizando el lenguaje de Jung, el ego individual se sacrifica al Sí mismo.

En el proceso de visualización, no se trata de controlar las partes irreprimibles de nuestra psique, las formas arquetípicas que nos unen con la humanidad entera de todos los tiempos, sino más bien de entrar en contacto con ellas y transformarlas gradualmente para conseguir un estado de conciencia más elevado. Las diferentes deidades son símbolos de las fuerzas, positivas y negativas, buenas y malas, que batallan en nuestra psique. Ninguna de estas fuerzas o energías se pierde: cada una de ellas es utilizada y transformada en pura conciencia, pura esencia espiritual. O para utilizar el lenguaje alquímico, el plomo se transforma en oro.

Veamos la descripción de una de las deidades:

> «Mahavajrabhairava tiene un cuerpo de color azul oscuro, nueve rostros, treinta y cuatro brazos y dieciséis pies. Las piernas del lado izquierdo están hacia delante y las de la derecha hacia atrás. Tiene el poder de devorar los tres mundos. Se burla y ruge, su lengua está arqueada. Hace rechinar los dientes y frunce las cejas. De sus ojos y sus cejas salen llamas como las del fuego cósmico en los tiempos de destrucción del universo. Su pelo es amarillo y con las puntas levantadas. Amenaza a los dioses de las esferas material y no material. Asusta incluso a las divinidades terroríficas. Brama la palabra *p'ain* con una voz que retumba como un trueno. Devora carne, médula y grasa humana, y bebe sangre. Está coronado con cinco imponentes calaveras, y adornado con una guirnalda hecha de quince cabezas recién cortadas. Su cuerda sacrificial es una serpiente negra. Los ornamentos en sus orejas, etc., son de huesos humanos. Tiene un vientre enorme, su cuerpo está desnudo y su pene, erecto. Las cejas, pestañas, la barba y el pelo de su cuerpo llamean como el fuego cósmico del final de los tiempos. Su cara central es de búfalo. Tiene cuernos y expresa violenta rabia. Más arriba, y entre los cuernos, sobresale una cara amarilla.»[118]

Como contraste, contemplemos la siguiente imagen:

> «Sobre el disco de la luna de otoño, clara y pura, se visualiza una sílaba-semilla. Los rayos azules de la sílaba-semilla emanan una inmensa compasión refrescante, que irradia más allá de los límites del cie-

lo o espacio infinito. Satisface los deseos y necesidades de los seres que sienten, y proporciona calor fundamental que desvanece toda confusión. Entonces, de la sílaba-semilla aparece un Buda Mahavairocana, de color blanco, con los rasgos de un aristócrata: un niño de ocho años con una mirada bella, inocente, pura, poderosa y real. Sus ropajes son los de un rey de la India medieval; lleva una resplandeciente corona de oro con incrustaciones de joyas que realizan todos los deseos. Una parte de sus largos cabellos negros flota sobre sus hombros y espalda; el resto está recogido en un moño coronado por un centelleante diamante azul. Está sentado con las piernas cruzadas sobre el disco de luna, con las manos en el mudra de la meditación, y sostiene un *vajra* tallado en puro cristal blanco.»[119]

Y ahora contemplemos una visualización, sugerida por un maestro tántrico contemporáneo, para beneficio de los devotos de Jesucristo. Es una práctica de purificación del cuerpo, la palabra y la mente.

«Sentaos o arrodillaos, si queréis, en una posición confortable, relajados pero con la espalda recta. En vuestro ojo de la mente, visualizad a Jesús frente a vosotros. Su rostro tiene una expresión tranquila, pacífica y amorosa. Como modelo para esta visualización puede utilizarse una imagen de Cristo resucitado o de Jesús dando enseñanzas.

»Seguidamente, visualizad luz blanca muy radiante, que va desde su coronilla a la vuestra. Esta luz blanca posee la naturaleza de la energía del gozo, y cuando entra en vuestro cuerpo os purifica de la contaminación física, o pecado, acumulada a lo largo de incontables vidas. Esta maravillosa energía blanca elimina todas las enfermedades del cuerpo, incluyendo el cáncer, y activa y regenera el funcionamiento de todo el sistema nervioso.

»De forma similar, se visualiza una luz roja radiante que surge de la garganta de Jesús y penetra en la vuestra, impregnando completamente el centro energético de la garganta de una sensación de gran felicidad. Si tenéis dificultades en el habla, si soléis mentir o carecéis de control sobre vuestras palabras cayendo en la calumnia y utilizáis un lenguaje duro y brusco, esta maravillosa energía roja os purifica de todos estos elementos negativos. Como resultado, descubrís las cualidades divinas de la palabra.

»Después, del corazón de Jesús surge una luz azul infinita y radiante, que penetra en vuestro corazón purificando la mente de todas sus concepciones erróneas. Purifica vuestro ego, victimista y egoísta, que es como el jefe o gobernante de los engaños; y de los tres venenos —la avaricia, el odio y la ignorancia, que son como los ministros del ego— quedaréis totalmente purificados por este resplandor azul de energía gozosa. La mente indecisa, que está especialmente dominada por la constante duda, se clarifica. También se purifica la mente estrecha que no puede ver con amplitud por ser demasiado limitada. Cuando la energía luminosa colma vuestra mente, el corazón deviene como el cielo azul, abarcando la realidad universal y todo el espacio infinito.»[120]

Con una práctica persistente, y a medida que se desarrollan estados de conciencia más elevados, las deidades creadas mentalmente asumen una realidad dinámica, creando un poderoso efecto al meditador. En términos de la psicología de Jung, estas deidades visualizadas por quien medita se convierten en arquetipos encarnados. En lo que se refiere a su realidad y a la razón de su eficacia, podemos volver de nuevo a Jung y su definición de «ilusión».

> «¿Según qué criterio podemos juzgar que algo es una ilusión? ¿Existe algo en la psique a lo que tengamos derecho a llamar ilusión? Aquello a lo que fácilmente llamamos ilusión puede ser para la psique un factor vital extremadamente importante; algo tan indispensable como el oxígeno para el cuerpo, una realidad psíquica de abrumadora significación. Presuntamente, la psique no se preocupa por nuestras categorías de la realidad; para ella, todo lo que funciona es real ... Lo más probable es que aquello que nosotros denominamos ilusión sea muy real para la psique; por esta razón no podemos pensar que la realidad psíquica se rige por los mismos parámetros que la realidad consciente.»[121]

Debe recordarse, no obstante, que en términos de la filosofía budista, esta afirmación sólo es válida en lo que se refiere a la realidad relativa. En el nivel último de la realidad todo está intrínsecamente vacío.

En las *sadhana*s tántricas (ejercicios espirituales), la actividad mental meditativa va acompañada de *mantras* y *mudras* en los que participan la palabra y el cuerpo.

Los mantras son sonidos sagrados, símbolos auditivos, que no tienen un significado concreto, pero, al igual que el sonido y el ritmo de la música y la poesía, tienen el poder de evocar sentimientos profundos y estados de conciencia que trascienden el pensamiento y el lenguaje corriente. El mantra se comunica con el iniciado de forma muy directa, inmediata, y tiene la capacidad de evocar las fuerzas que duermen en su interior. Para otros permanece secreto. La simple recitación de un mantra sin la preparación y actitud mental adecuada es inútil, porque el sonido del mantra no es meramente físico, sino básicamente espiritual. Debe ser producido por la mente y escuchado por el corazón.[122]

Los mudras son posturas simbólicas y gestos en los que las manos y cada dedo participan de la forma más refinada, elegante y expresiva, evocadora de los movimientos de las bailarinas balinesas. Son expresiones físicas, externas, de estados internos del ser, y como los mantras, cuando se usan en el contexto apropiado, son un soporte para la meditación, ayudando a producir estados de conciencia más elevados. Cuando los tres aspectos del ser —cuerpo, palabra y mente— están implicados de forma simultánea y coordinados armónicamente —en la realización de mudras, recitación de mantras y meditación profunda—, se despiertan las fuerzas primitivas, universales, y el efecto es atronador. Entramos en otra realidad.

Los rituales y ceremonias tienen un papel significativo en la práctica tántrica. Las postraciones, ofrendas de incienso y flores, los cánticos, *pujas* (cultos rituales), y ritos de iniciación, todo ello debe ser percibido como formas de meditación y comprendido en su significado simbólico. Para recibir su efecto plenamente, deben realizarse con una actitud correcta y respetuosa.

Una ceremonia típica posee todas las cualidades dramáticas de la magia y el encantamiento: es una fiesta para los sentidos y afecta hasta los niveles más profundos del ser. El sonido de los cuernos y las largas trompetas tibetanas, el batir de los tambores, el tañido de las campanas, los cantos, la recitación de mantras y textos sagrados, las banderas de oración, los coloridos hábitos de los lamas, cuyas posturas, gestos y expresiones faciales a menudo reflejan las de las deidades en los *thangkas* (imágenes sagradas) de alrededor; la fragancia del incienso, las flores, los utensilios ceremoniales, los cuencos con agua bendita, el té, la fruta y otros delicados elementos. Todo ello convierte la ceremonia en un espectáculo y experiencia indescriptible y a la vez inolvidable.

EL AMIGO ESPIRITUAL Y EL ANALISTA

Dado que la liberación no puede alcanzarse mediante libros o conocimiento abstracto, sino únicamente a través de la experiencia, la necesidad de un *guru* humano, o maestro espiritual, cobra enorme importancia. El verdadero progreso y el despertar de nuestra conciencia sólo puede darse con la ayuda y la guía de otro ser humano. Pero este otro ser humano, él o ella, debe ser un maestro cualificado, que haya avanzado mucho en el camino. Su conducta, su conocimiento, la claridad de su mente, su sabiduría y compasión deben ser tales que no sólo desempeñe la labor de maestro, sino que sea un ejemplo vivo de la actitud iluminada. Los gurus no pueden transferir su sabiduría a los discípulos, pero sus palabras, cuya repercusión alcanza más allá del sentido ordinario de las palabras, pueden llegar al corazón de los discípulos cuando éstos están preparados para recibir la enseñanza. Cuando esto sucede, es como si una llave hubiera abierto la puerta de la percepción del ser más íntimo de cada uno, y sus horizontes van ampliándose. Se siente literalmente que la conciencia, la luz, se expande en cada contacto con el guru. El guru humano, modelo de la persona totalmente realizada, no es sino el símbolo arquetípico del Guru Supremo, o principio de la budeidad. Así se desarrolla el proceso en las mentes de los discípulos, hasta que la imagen del guru se ha integrado en su interior. El discípulo se da cuenta de que el maestro no está fuera, sino en el interior de su psique, y que éste no se diferencia de su propio Sí mismo. La función del guru, a veces llamado amigo espiritual, tiene muchos aspectos. Veamos el imaginativo texto del maestro del siglo XI, el filósofo Gampopa, en que describe el papel del amigo espiritual:

> «Los símiles son que el amigo espiritual es como un guía cuando viajamos en un territorio desconocido, una escolta cuando atravesamos regiones peligrosas y un barquero cuando cruzamos un gran río.
>
> »En lo que se refiere al primer caso, cuando viajamos sin guía en un territorio desconocido, existe el peligro de extraviarse y encontrarse perdido. Pero si tenemos un guía no existe este peligro, y sin perder un solo paso alcanzamos el lugar deseado...
>
> »En el segundo símil, las regiones peligrosas son frecuentadas por bandidos y ladrones, bestias salvajes y otros animales dañinos. Cuando vamos por ahí sin escolta, corremos el peligro de perder nuestro cuerpo, vida o propiedades; pero si contamos con una fuerte escolta alcanzamos el lugar deseado sin una sola pérdida.
>
> »Y, en el tercer símil, cuando cruzamos el gran río, si hemos subido a una barca sin barquero, podemos ahogarnos o ser arrastrados por la corriente y no alcanzar la otra orilla; pero si hay un barquero, desembarcamos a salvo gracias a sus esfuerzos.»[123]

Jung era buen conocedor de los peligros de las «bestias salvajes y otros animales dañinos» y del terror al sumergirse en las oscuras regiones del propio inconsciente, ya que lo experimentó por sí mismo. Y así hicieron los alquimistas antes que él. También ellos eran completamente conscientes de la potencial explosión psíquica inherente a su obra. Sin duda, tanto los alquimistas como Jung hubieran estado totalmente de acuerdo con las advertencias del maestro tibetano.

Siguiendo los pasos de Buda Shakyamunni, quien nunca impuso sus enseñanzas a otros, forma parte de la tradición tibetana el dar instrucciones únicamente en respuesta a una demanda sincera y con un propósito serio. Los maestros tibetanos creen que el acto mismo de buscar y pedir ayuda crea la energía adecuada que conduce a recibirla y a escuchar, no solamente con los oídos, sino también con el corazón.[124]

El analista juega esencialmente el mismo papel que el amigo espiritual; aunque hay una distinción importante. Como se dijo anteriormente, Jung postulaba que, a lo largo del tratamiento psicológico, el terapeuta debe ser igualmente afectado por el encuentro terapéutico. Para el terapeuta puede ser una experiencia de regeneración, pero también puede provocar una contaminación psicológica amenazadora para su propio equilibrio emocional. En contraste, se dice que el guru, al haber alcanzado una elevada realización espiritual, es inmune a esta contaminación y no puede ser afectado por las negatividades de sus estudiantes. De hecho, algunas prácticas de meditación del budismo tibetano incluyen la ofrenda mental al guru de todos los objetos codiciados y odiados; es decir, de todos los elementos negativos. Según palabras de los mismos lamas, la respuesta de sus discípulos, y en particular, el reconocimiento de la ayuda que les aporta para aclarar la confusión y reducir el sufrimiento, les afecta e incrementa su reserva de energías.

4

Símbolos arquetípicos: el Tantra y Jung

Como se expuso en el capítulo anterior, la visualización es uno de los métodos principales de meditación del Vajrayana. Los diferentes tipos de deidades visualizadas en formas personificadas se expresan externamente en la iconografía tántrica, mientras que internamente corresponden a diferentes estados psicológicos. Mediante la identificación con las diferentes deidades del panteón budista tibetano, se trasciende la conciencia profana en el conocimiento de lo sagrado, y de esta forma, las imágenes se convierten en símbolos de transformación. Las imágenes antropomórficas tántricas son consideradas como arquetipos; no obstante, para el meditador devienen reales. Según Jung, los arquetipos *cobran vida* cuando adquieren significado para uno mismo.[125] Como todos los símbolos poderosos, las imágenes tántricas, imbuidas de emoción, ganan numinosidad y proporcionan a los meditadores la energía que los transporta un paso más allá, al interior de otro reino psicológico: el transpersonal, el espiritual.

¿Cuál es la función de las imágenes en la práctica del budismo, cuyos fundamentos filosóficos y metafísicos se basan en el concepto de vacuidad?

En palabras de Lama Govinda:

«La abstracción de los conceptos y las conclusiones filosóficas necesita ser constantemente corregida por la experiencia directa, por la práctica de la meditación y las contingencias de la vida diaria. Por lo tanto, el elemento antropomórfico del Vajrayana, no nace de una falta de comprensión intelectual (como en el caso de los hombres primitivos), sino, por el contrario, del deseo consciente de penetrar, desde una actitud meramente intelectual y teórica, en el conocimiento directo de la realidad. Esto no puede conseguirse desarrollando convicciones, ideales y aspiraciones basados en la razón, sino únicamente a través de la penetración consciente de esos estratos de nuestra mente que no pueden ser alcanzados o influidos por los argumentos lógicos y el pensamiento discursivo.

»Tal penetración y transformación solamente es posible a través del poder de la visión interna, cuyas imágenes primordiales o "arquetipos" son los principios formadores de nuestra mente. Como semillas, penetran en el suelo fértil de nuestro inconsciente para germinar, crecer y desarrollar sus potencialidades...

»La subjetividad de la visión interna no disminuye su valor como realidad. Estas visiones no son alucinaciones, porque su realidad es la de la psique humana. Son símbolos en los que están personificados el más alto conocimiento y el esfuerzo más noble de la mente humana. Su visualización es el proceso creativo de proyección espiritual, a través del cual la experiencia interna se traduce en una forma visible, comparable al acto creativo de un

> artista, cuya idea subjetiva, emoción o visión, se transforma en una obra de arte objetiva, adquiriendo entonces una realidad propia, independiente de su creador.[126]

De la misma forma, Jung nos dice que los arquetipos son inicialmente formas vacías, pero que contienen la posibilidad de cierta percepción y acción, y cuando éstos son activados, se convierten en fuerzas poderosas en la vida y la conducta de un individuo.[127] En efecto, el arquetipo puede adquirir una realidad autónoma propia y tomar el control sobre toda la personalidad. La visión puede conducir a creaciones artísticas o descubrimientos científicos, como el caso famoso del descubrimiento del anillo de benzeno por Kekule.[128] Pero las visiones pueden igualmente conducir a la locura, si no se integran en la conciencia. La línea divisoria entre los dos caminos es con frecuencia muy delgada.

Los budistas tibetanos, al igual que Jung, son conscientes de los peligros que conlleva, y por ello instan a que se tomen las precauciones adecuadas. La visualización tántrica, y la —de alguna forma comparable— técnica de imaginación activa de Jung, requieren ambas la guía de un maestro cualificado o un analista. Además, en la práctica del Vajrayana, cada visualización va precedida y culmina con una meditación en la vacuidad, en la que se lleva a cabo la disolución de las imágenes, lo que actúa como protección frente a la identificación continuada con los símbolos: el meditador se hace consciente de que las deidades son producto de la imaginación.

Una de las deidades más importantes y la más popular en el Tíbet es Tara. Es el aspecto femenino de Buda. En el Tíbet se la honra como la madre de todos los budas. Tara, en su esencia, simboliza el desarrollo total de la sabiduría que trasciende la razón. Es el buda de la actividad iluminada, la liberadora que, liberándonos de la esclavitud de las pasiones egocéntricas, nos conduce desde las orillas de la implicación profana en el mundo (samsara) a la otra orilla de la iluminación (nirvana). Tara aparece bajo diferentes aspectos: Tara verde, Tara roja, Tara blanca, etc., hasta veintiuna, y cada una corresponde a imágenes arquetípicas de la mente ligeramente diferentes. En la terminología junguiana representa el arquetipo de la Madre. Sin embargo, es la imagen de la madre que ha integrado en ella todos los opuestos, lo positivo y lo negativo. Así, para Eric Newmann (discípulo de Jung), Tara simboliza la forma más elevada, la culminación del arquetipo femenino. Es «la Gran Diosa que, en la totalidad de su desarrollo, orienta al mundo desde su fase elemental inferior hasta su transformación espiritual suprema».[129]

Junto con las deidades pacíficas y airadas, hay otra categoría de «seres» que desempeñan un papel importante en el budismo tibetano. Son las llamadas *dakinis,* que tienen cualidades divinas o demoníacas, y pueden representar el impulso humano de inspiración. Son personalizaciones femeninas de conocimiento y poderes mágicos, y se las describe como «genios de la meditación y ayudantes espirituales», capaces de despertar las fuerzas durmientes escondidas en la oscuridad del inconsciente.

La palabra *dakini*, o en tibetano, *khadoma,* significa «espacio» y «éter», refiriéndose a aquello que hace posible el movimiento.[130] Uno tiene la sensación de la naturaleza fluida de una *dakini*; acciona la psique y provoca que se disuelva todo lo que es rígido y concreto, y se halla encapsulado en pensamientos conceptuales y dogmas; cualquier formulación fija. En este sentido simboliza el principio del movimiento y refleja las fuerzas dinámicas, que son las mismas en el cosmos que en la psique del individuo.

La *dakini* de nivel más elevado es Vajra Yoguini. Es la divina figura de la musa inspiradora, quien «rescata los tesoros de eones de experiencia, que yacen dormidos en el subconsciente, y los eleva al reino de la conciencia más elevada, más allá de la de nuestro intelecto».[131] Los budistas tibetanos sostienen que Vajra Yoguini ha existido siempre en la profundidad de nuestro interior, en nuestro inconsciente, pero asfixiada por el ego. Cuando el concepto de ego es perforado, permitimos que aparezca Vajra Yoguini. (Cuando pienso en Yajra Yoguini siempre me recuerda a la Bella Durmiente.)

En el contexto de la psicología de Jung, Vajra Yoguini sería una imagen primordial y, como tal, puede actuar como mediadora, «demostrando su poder de redención, un poder que ha tenido siempre en diferentes religiones».[132]

En la iconografía tibetana se representa a Vajra Yoguini con una curiosa expresión: es amorosa y sonriente pero, a la vez, airada, revelando así la ambivalencia esencial de cada arquetipo.

En Occidente, el símbolo tántrico de la *dakini* ha sido comparado a veces con el concepto junguiano de uno de los arquetipos más importantes, el del ánima.[133] Este último se refiere generalmente al aspecto femenino de la psique masculina. El ánima aparece en diferentes formas y tiene atributos tanto demoníacos como benevolentes. Puede ser una guía y mediadora, conduciendo al hombre a su transformación o a su perdición.

Pero la noción de ánima es mucho más compleja. En

primer lugar, el ánima no se aplica únicamente a la psique masculina: como figura arquetípica puede funcionar en la psique de ambos sexos. En el mundo occidental de orientación masculina, el concepto de ánima, como contrapartida femenina de la psique masculina, y la integración adecuada de los dos aspectos, es crucial para el equilibrio del individuo y de la cultura. En el mundo oriental, por otro lado, la cualidad femenina, el Yin, al igual que el Yang —la cualidad masculina—, la diosa al igual que el dios, han formado parte integral de la cultura. No puede haber un dios sin una diosa; un aspecto es inconcebible sin el otro. La imagen más frecuente en la iconografía tántrica es el símbolo de *yab-yum*, el dios y la diosa, el padre y la madre en abrazo extático, que simbolizan la unión perfecta de los elementos femenino y masculino, la unión de los opuestos, que expresa la experiencia interna fundamental.

Jung está en lo cierto cuando dice que el concepto de ánima, tal como él lo propuso, no se halla en la visión occidental.[134] Debe añadirse que ésta es la noción de ánima que formuló en sus primeros escritos, y así es como se entiende comúnmente. En Oriente, este concepto sería superfluo. Sin embargo, el ánima puede ser el puente hacia el Sí mismo. Como tal, tiene una clara correspondencia con la *dakini*, el ser etéreo, que es tanto la esencia como la portadora de sabiduría. En este sentido las *dakinis*, y en realidad todas las divinidades tántricas pacíficas o airadas, divinas o demoníacas, pueden ser percibidas como mensajeras y personificaciones de la sabiduría suprema, y por ello funcionan como catalizadores en el proceso de integración. O, para expresarlo en otras palabras, son agentes numinosos, personificaciones de arquetipos, que expresan diferentes atributos del Sí mismo.

Una *dakini* puede a veces corresponder al arquetipo del ánima, pero también puede ser igualmente el equivalente del arquetipo del «viejo hombre sabio» que representa la visión superior. Al igual que la imagen de Filemón, «el viejo hombre sabio» se le apareció a Jung con un aspecto, para él, muy real, así también aparecen las deidades a los meditadores. Sin embargo, la diferencia está en que la *dakini*, o la deidad, no es una apariencia espontánea, como era la visión que Jung tenía de Filemón. Es, en cambio, una deidad que el guru confiere al discípulo durante la iniciación para facilitar su progreso, y se elige de acuerdo a las necesidades, características y capacidades individuales específicas. A tal deidad se le llama *yidam* y se convierte en el guardián y mentor del discípulo, en «el viejo hombre sabio». Se dice que la *dakini* «proporciona intuiciones ocultas desde los más profundos estratos del propio ser».[135] Aquí la *dakini* reflejaría la cualidad del ánima, a la que Jung describe como la personificación del inconsciente,[136] con las cualidades de conexión de Eros.[137]

Pero se debe enfatizar, una vez más, que estas imágenes antropomórficas del panteón tántrico (deidades, *yidams* y *dakinis*) no se perciben como seres externos, sino como reflejos de la propia mente individual y se revelan en experiencias internas. Por ello, toda la variedad de figuras arquetípicas puede aparecer de una forma u otra en distintos momentos y bajo diferentes circunstancias. La meta es establecer contacto con estas realidades psíquicas y llevarlas a la conciencia o, como diría Jung, traerlas a nuestra propia alma. Jung reconocía que la función religiosa no es una cuestión de fe o una forma externa en la que el alma resta completamente insensible; muy al contrario, está enraizada en la psique humana y anhela expresarse, pero sólo puede descubrirse a través de la propia experiencia directa. Así, Jung expone:

> «Con un engaño verdaderamente trágico ... los teólogos no pueden ver que no se trata de probar la existencia de la luz, sino de gente ciega que desconoce que sus ojos pueden ver. Ha llegado el momento de darnos cuenta de que no tiene sentido alabar a la luz y predicarla, si nadie puede verla. Es mucho más necesario enseñar a la gente el arte de ver. Porque es obvio que hay muchísima gente incapaz de establecer una conexión entre las figuras sagradas y su propia psique; no pueden ver hasta qué punto las imágenes equivalentes yacen dormidas en su propio inconsciente.»[138]

Para Jung es evidente que la solución a este problema, es decir, desarrollar la capacidad de visión interna y experimentar el *mysterium magnum*, la realidad cósmica, sólo puede alcanzarse conectando con la psique. En otras palabras, la psique —o la mente, como dirían los budistas tibetanos— es el vehículo de transformación.

Las imágenes sagradas, tanto las del panteón tibetano, como las del mundo moderno o las de cualquier mitología de cualquier tiempo y lugar, son la herencia común de la humanidad y están presentes en cada individuo. Jung descubrió, en su práctica terapéutica, que los hombres y mujeres contemporáneos del mundo occidental producían espontáneamente, desde su inconsciente, imágenes que pertenecían a mitologías de lugares remotos y tiempos antiguos, y que estas imágenes podían tener un efecto poderoso y profundo en el individuo. En el acto de la visión, del contacto con el símbolo, podían renovarse y transformar su energía psíquica, un hecho que los budistas tibetanos conocen desde hace siglos.

Como se ha dicho anteriormente, la particular aproximación de Jung a la psicoterapia fue más allá de las metas y métodos tal y como se han comprendido y practicado tradicionalmente; para él, la psicoterapia es, en última instancia, una aproximación a lo espiritual. En este terreno es donde Jung y el Tantra coinciden, penetran y transforman la misma realidad psíquica.

El proceso de individuación, o el desarrollo psicológico, conduce progresivamente desde el ego hasta el Sí mismo, desde lo inconsciente a la conciencia, desde lo personal a lo transpersonal, lo sagrado, la comprensión de que el macrocosmos se refleja en el microcosmos de la psique humana.

La tarea es la redención del Sí mismo, la totalidad psíquica, el *lapis*, «el gran tesoro que yace escondido en la cueva del inconsciente»,[139] personificado en el Buda, en Vajra Yoguini, en la Bella Durmiente, asfixiado por el ego. Y según Jung, la tarea puede realizarse cuando el símbolo arquetípico, el Sí mismo, se hace consciente y se libera de la identificación inconsciente con el ego. En otras palabras, el Sí mismo, Dios, Buda, Vajra Yoguini, debe ser redimido por la conciencia humana. Ésta es la meta última del desarrollo psicológico en el contexto de la psicoterapia de Jung.

La noción de que la materia, que simboliza la realidad temporal del ego, oculta a Dios, formaba parte de un mito gnóstico y es también un tema subyacente en la alquimia.[140] En contraste con la labor cristiana de redención, el esfuerzo alquímico es activo, notablemente parecido a la actitud budista. En la alquimia, dice Jung, «el ser humano toma sobre sí el deber de llevar a cabo la obra de redención, y atribuye el estado de sufrimiento y la consecuente necesidad de redención al *anima mundi* prisionera en la materia».[141]

Pero el trabajo de redención, sea en la alquimia, en el Tantra o en Jung, no puede esperarse que llegue de manos de la naturaleza; requiere un esfuerzo consciente. Ante todo, debe ser una experiencia viva, que ha de tener lugar intrínsecamente en la vida. El alquimista cree que «la sustancia que esconde el secreto divino se halla en todas partes... incluso en la inmundicia más repugnante».[142] De la misma forma, el budismo tántrico considera que cada suceso y situación, buena o mala, puede convertirse en vehículo para la transformación espiritual. Nada debe ser rechazado. Así también la psicología de Jung acoge cada aspecto de la psique, sin rechazar nada, indaga en la profundidad y en lo alto, en la oscuridad y en la luz, y en los simples sucesos externos e internos de la vida cotidiana.

EL LIBRO TIBETANO DE LOS MUERTOS

En su *Comentario psicológico del Libro tibetano de los muertos, o Bardo Thödol*, Jung dice de este trabajo que ha sido «mi constante compañero, y a él debo no sólo muchas ideas estimulantes y descubrimientos, sino también muchas intuiciones fundamentales».[143] *El libro tibetano de los muertos* trata esencialmente sobre la muerte y los moribundos, con instrucciones para el alma del que ha partido a lo largo de los cuarenta y nueve días de peregrinación hasta un nuevo renacimiento.

En un comentario moderno, dirigido fundamentalmente al mundo occidental, Chögyam Trungpa Rinpoche lo llama *El libro tibetano del nacimiento*, señalando de esta forma que el nacimiento y la muerte son principios fundamentales que se repiten constantemente en esta vida.[144] El significado de la palabra *bardo* se deriva de *bar* que significa «entre» y de *do,* que quiere decir «isla» o «marca». Por consiguiente, es «una especie de mojón que se levanta entre dos puntos»,[145] y se refiere a un estado intermedio, a un período de transición. Reconocemos aquí la idea de un nivel de conciencia intermedio, crepuscular, o el período justo antes del amanecer o del anochecer, cuando el día se hace noche y viceversa. Son estados inciertos, tiempos de crisis, en los que la tensión es máxima, pero también son los más fecundos psicológicamente, pues son momentos en los que el cambio puede ocurrir más rápidamente. La oportunidad de transformación es inherente a estos estados. En la grieta que separa dos mundos, el de la vida y la muerte, el de la muerte y el renacimiento, se encuentra la oportunidad suprema. Según el *Bardo Thödol*, la mente es capaz de alcanzar la liberación en el momento inmediatamente posterior a la muerte. En ese instante se alcanza el nivel más sutil de conciencia, la mente de la clara luz, pero al no estar familiarizados con ella perdemos la oportunidad de utilizarla para conseguir la iluminación; en su lugar, descendemos progresivamente, regresamos al mundo del inconsciente y a un nuevo nacimiento, al punto donde la rueda del samsara y del sufrimiento empieza otra vez. En su viaje por el otro mundo, la mente encuentra primero deidades bellas y pacíficas, luego airadas y terroríficas. El *Libro* enseña que no son más que proyecciones de la propia mente que deben ser reconocidas como tales, es decir, como formas vacías e imágenes ilusorias. Entonces la confusión se transforma en sabiduría trascendental. Para Jung, era evidente que «el libro entero fue creado a partir de los contenidos arquetípicos del inconsciente». Según él, el mundo de dioses y espíritus es el inconsciente colectivo en nuestro interior.[146] Al introducir este libro en el mundo occidental, Jung conocía su elevado significado psicológico, su notable comprensión del fenómeno de la proyección, y sus implicaciones filosóficas: la transitoriedad de los fenómenos, el mundo relativo y la eterna permanencia de la realidad absoluta. Mediante su comentario, hizo que el *Libro* fuera tan pertinente para los occidentales contemporáneos como lo fue para la remota y aislada sociedad del Tíbet siglos atrás.

Hoy en día, de una forma diferente, Trungpa Rinpoche clarifica el significado del *Bardo Thödol* desde otro punto de vista. Interpreta la experiencia del *bardo* en términos de los seis reinos de experiencia de la mitología budista: «los infiernos», los «espíritus ávidos», el «animal», el «humano», el de los «dioses celosos» y el de los «dioses», y los relaciona con los aspectos correspondientes de nuestros estados psicológicos. El «reino de los infiernos» es el estado de ira que se convierte en autodestructivo. El «reino de los espíritus ávidos» es la condición de insaciable avidez por las posesiones. El «reino animal» representa la ausencia de misterio; es el mundo de la seguridad y el bienestar, predecible y mecánico. El «reino humano» es el mundo de la pasión y de la búsqueda incesante de placer y riquezas. El «reino de los dioses celosos» es el mundo de la paranoia y la intriga. Finalmente, el «reino de los dioses» es el estado de orgullo y narcisismo, la intoxicación con el propio ego.[147]

Todos estos reinos son retratos del mundo del samsara, de frustración y sufrimiento. En las deidades, el alma se encuentra; identificamos a nuestros dioses familiares de la vida cotidiana que nos persiguen y que nos influyen todo el tiempo si no los reconocemos. Esto quiere decir que debemos ser conscientes de ellos, integrarlos y desarrollar una actitud ética, si queremos vivir una vida plena y significativa. Si no, como ocurre con las visiones en el viaje a través del *bardo*, podemos ir descendiendo progresivamente en el inconsciente hasta alcanzar la oscuridad total, el punto de no-regreso.

EL MANDALA

El mandala, círculo místico, es un símbolo muy importante y significativo en el budismo tibetano. Es uno de los símbolos más antiguos, del que, según Jung, pueden encontrarse indicios desde el paleolítico,[148] y se halla en todos los lugares y épocas de la historia. Los mandalas más elaborados y artísticos han sido creados por los budistas tibetanos. Son imágenes que contienen símbolos de opuestos, agrupadas alrededor de un núcleo central, y su estructura y diseño expresan tanto el mundo proyectado hacia afuera como el mundo interior de la psique. Así se revela al discípulo la interacción de fuerzas que opera en el cosmos y en el interior de nuestra propia mente.

Los mandalas tibetanos no son meras composiciones estéticas; son símbolos religiosos y filosóficos con un sentido preciso establecido por la tradición. Se nos dice que:

> «... cada detalle es por sí mismo significativo y no depende del capricho arbitrario o del antojo de un artista, sino que es el resultado de siglos de experiencia meditativa y de un lenguaje convencional de símbolos tan preciso como los signos del len-

guaje de las fórmulas matemáticas, donde no sólo cada signo, sino también su posición dentro de la fórmula, determina su valor.»[149]

En otras palabras, los mandalas han nacido a partir de las visiones y experiencias interiores de meditadores muy avanzados y en un entorno de creatividad espiritual muy especial.

Jung, por otra parte, a través de sus experiencias personales y de su trabajo con pacientes, observó que los mismos motivos del mandala aparecían espontáneamente cuando la psique estaba en el proceso de reintegración que sigue a la etapa del desequilibrio. En estos casos, los autores de los mandalas no habían tenido posiblemente ningún conocimiento del budismo tibetano. Jung constató que, en sus pacientes esquizofrénicos, «los símbolos del mandala aparecen muy frecuentemente en momentos de desorientación psíquica como factores de orden compensatorios. Estos aspectos se expresan sobre todo en su estructura matemática.[150] Llegó a la conclusión de que el mandala es un arquetipo de orden, de integración psíquica y de totalidad, y aparece como un intento natural de autocuración. Pero fue en los sueños y en la imaginación activa de sus pacientes que realizaban el viaje hacia la individuación, donde Jung encontró las evidencias más sorprendentes de la formación de mandalas. Los contenidos de estas visiones expresan, de forma simbólica, los violentos conflictos entre opuestos y su eventual reconciliación, cuando el Sí mismo emerge en el centro de la psique y es representado por el punto más interno. La armonía que se establece entonces tiene una cualidad numinosa.

En el budismo tántrico, después de la iniciación, los discípulos reciben instrucciones específicas de cómo visualizar el mandala que representa las deidades pacíficas y furiosas, las fuerzas en conflicto, los impulsos primordiales y las pasiones, al igual que la chispa de la divinidad, que se encuentran en el interior de la psique. Al entrar mentalmente en el mandala, exploran los trabajos burdos y sutiles de sus mentes, de sus inconscientes, y se acercan gradualmente a su centro nuclear más interno, en el que se unen todos los opuestos. Todo el proceso se expresa mediante símbolos complejos, que recapitulan el drama de la fragmentación psíquica, desintegración y reintegración: de la dualidad, multiplicidad, fragmentación psíquica después de la unidad inconsciente primitiva, a la reintegración psíquica, a la no-dualidad, a la pura conciencia.

A pesar de la infinita variedad de mandalas, tanto los producidos por los meditadores tántricos, o en los sueños e imaginación activa de los pacientes de Jung, o por los individuos de cualquier parte del mundo, encontramos en ellos una conformidad fundamental con el modelo, pues se originan en el inconsciente colectivo común a toda la humanidad. Son símbolos de unidad, reconciliación de los opuestos en un nivel más elevado de conciencia. Al mismo tiempo, son medios de expresión de una realidad universal, y al expresarlos y entrar en contacto con ellos, producen profundos efectos que inducen experiencias transformadoras. En el mandala, Jung vio «uno de los mejores ejemplos del funcionamiento de un arquetipo».[151]

5

Budismo tántrico y Jung: conexiones, similitudes, diferencias

INTRODUCCIÓN

En este capítulo propongo, en primer lugar, abordar las equivalencias metodológicas y conceptuales entre los dos sistemas, e identificar los puntos de encuentro, aquellos que son similares o paralelos, y los que son diferentes. A continuación, trataré de analizar el punto de vista de Jung sobre las tradiciones orientales en términos de su pertinencia para el mundo occidental y el suyo propio, así como el punto de vista del budismo tibetano en relación a los posibles riesgos inherentes a la práctica del Tantra. Finalmente, quisiera comentar la cuestión de la ética y su impacto potencial en la comunidad mundial, aspectos que son integrantes e importantes de ambos sistemas.

LA CONCIENCIA Y EL INCONSCIENTE

Los conceptos básicos de conciencia e inconsciente en el sistema junguiano y en el budismo poseen diversas connotaciones y están, por ello, expuestos a una gran incomprensión y distorsión. Para agravar el problema, los conceptos de Jung se confunden a menudo con los de Freud, que son muy diferentes. Voy a intentar revisar algunos de ellos, aunque soy muy consciente de que mi examen es enormemente limitado. Toda una vida o, como dirían los budistas, muchas vidas de práctica y estudio profundo, difícilmente permitirían a alguien la total comprensión de estos conceptos en ambos sistemas.

Jung otorga al inconsciente y a la conciencia la misma importancia.[152] La conciencia, sin embargo, «es posterior a la psique inconsciente»,[153] lo cual significa que la primera emerge de esta última. Jung iguala la conciencia al ego.[154] Postula que:

> «La conciencia necesita un centro, un ego para que algo sea consciente. No conocemos otro tipo de conciencia, ni podemos imaginar una conciencia sin un ego. No puede haber conciencia cuando no hay nadie para decir: "*soy* consciente".»[155]

Jung cree que la conciencia, «la más notable de todas las curiosidades de la naturaleza», existe y necesita ser ampliada por la simple razón de que, sin ella, «las cosas no van tan bien».[156] Por otra parte, Jung habla de la «conciencia superior», una conciencia más profunda y receptiva, relacionada con el reino transpersonal.

Y parafraseando a Ignacio de Loyola, Jung pone la frase en términos psicológicos, diciendo:

> «La conciencia del ser humano fue creada con el fin de que pudiera 1) reconocer ... su procedencia

de una unidad más elevada...; 2) mostrar una debida y cuidadosa atención a esta fuente...; 3) ejecutar sus órdenes de una forma inteligente y responsable..., y 4) de esta forma, proporcionar a la psique como un todo, el grado óptimo de vida y desarrollo...»[157]

Según Jung, a los símbolos de totalidad que resuelven y trascienden los opuestos se les puede llamar «conciencia», y también «Sí mismo», «ego superior», o cualquier otra cosa. Para él todos estos términos son simples maneras de denominar unos hechos que se sostienen por sí mismos.[158]

Jung llama individuación al desarrollo y extensión de la esfera de la conciencia.[159] Pero él postulaba que la mente consciente ocupa sólo una posición relativamente central mientras que la psique inconsciente la rodea.[160]

El inconsciente es el área psíquica con un alcance ilimitado. Es la «matriz de todas las potencialidades»;[161] para comprenderlo mejor, es como un estado fluido que tiene vida propia y cuya actividad es autónoma e independiente. «El inconsciente percibe, tiene propósitos e intuiciones, siente y piensa al igual que la mente consciente.»[162] Jung define los contenidos del inconsciente como sigue:

> «... cualquier cosa que sé pero en la que no estoy pensando en este momento; todo aquello de lo que fui consciente una vez pero que he olvidado; todo lo percibido por mis sentidos pero que mi mente consciente no registra; todo aquello que, involuntariamente y sin prestarle atención, siento, pienso, recuerdo, quiero y hago; todas las cosas futuras

> que están tomando forma en mí y que algún día se harán conscientes...»[163]

Así, el inconsciente incluye contenidos futuros de la psique consciente y anticipa procesos conscientes futuros. Pero, además, el inconsciente contiene depósitos ancestrales acumulados desde tiempos inmemoriales. Por eso, para Jung, el inconsciente tiene el rostro de Jano: una cara apunta hacia la prehistoria, el mundo del instinto puro, y la otra apunta hacia el destino futuro del ser humano.[164] Esto es una paradoja porque «el inconsciente es percibido como un factor creativo, incluso como un valiente innovador y sin embargo es, al mismo tiempo, la fortaleza del conservadurismo ancestral».[165] Como Mercurius, personificación del inconsciente, es dual y contiene todos los aspectos de la naturaleza humana: luz y oscuridad, bueno y malo, animal y sobrehumano, demoníaco y divino.[166] El inconsciente se puede concebir como la morada del tesoro, fuente de toda inspiración, creatividad y sabiduría. Como sistema psíquico autónomo que se comunica en el lenguaje de los símbolos, uno de sus papeles es corregir las propensiones de la mente consciente y compensar su unilateralidad con una percepción amplia, imaginativa, no racional, que restablezca el equilibrio y revele un sentido más amplio. Los motivos inconscientes son a menudo más sabios y objetivos que el pensamiento consciente. Por ello el inconsciente puede ser un valioso guía que indique el camino de nuestro verdadero destino, un destino que es real para uno mismo y no está falsificado por los prejuicios de la mente consciente.

En la base de la conciencia individual, y el inconsciente que hay tras ella, está el inconsciente colectivo, la herencia común de toda la humanidad y la fuente universal de toda vida consciente. En las profundidades del inconsciente colectivo no hay diferencias individuales o culturales, no hay separación. Es el reino de la unidad primordial, la no-dualidad, y a través de él cada persona está conectada con el resto de la humanidad.

Los budistas tibetanos sostienen que la mente consciente, cuando está clara, no oscurecida, libre de proyecciones, es pura conciencia, es la raíz de la felicidad y la liberación, y se experimenta como un estado de gran gozo. Éste es el nivel de conciencia más elevado, conocido como clara luz. Sin embargo, existen diferentes tipos y grados de conciencia, descritos en diferentes términos. De la misma forma, en la estructura de la psique, tal como la conceptualizó Jung, existen también varios niveles de conciencia y de inconsciente. Desde el punto de vista de una de las escuelas de principios budistas, existen seis tipos de conciencia: la de la vista, la del oído, la del olfato, la del gusto, la del tacto y la conciencia mental. Luego está la conciencia afligida o engañosa, responsable del concepto erróneo del ego. Y, por debajo de todo, está el «depósito de conciencia» (*alaya-vijnana*), la fuente de toda conciencia, la Mente Universal, en la que están almacenadas las formas primordiales y todas las experiencias desde el principio de los tiempos. Sus contenidos latentes se aparecen a los otros tipos de conciencias, cuando son despertados por las asociaciones y condiciones correspondientes.[167]

La noción de depósito de conciencia se corresponde claramente con el concepto de inconsciente de Jung. Como en la descripción de Jung del inconsciente, Lama Govinda explica que el *alaya-vijnana*

> «... contiene cualidades tanto demoníacas como divinas, crueldad al igual que compasión, egoísmo

al igual que ausencia de yo, tanto engaño como conocimiento, tanto pasión ciega y los más oscuros instintos como anhelo profundo por luz y liberación.»[168]

Y al referirse a la experiencia tántrica, Lama Govinda dice:

> «No es suficiente con identificarnos a nosotros mismos con la unidad de un origen común o potencial de budeidad, si no damos el paso decisivo hacia la transformación y la reintegración de las tendencias o elementos divergentes de nuestra psique.»[169]

Cuando intentamos comparar, como hizo Jung, el concepto budista de mente iluminada con el de inconsciente colectivo, o conciencia superior, encontramos enormes obstáculos debido al hecho de que todos estos conceptos tienen aspectos muy diferentes, y son ambiguos y controvertidos. Estamos tratando aquí con dos categorías diferentes: filosófica y metafísica por un lado, psicológica por otro, y en consecuencia no se puede hacer una comparación real. Además, en ambos sistemas, tanto el budista como el de Jung, estas categorías representan sólo conocimiento abstracto y no pueden expresar la profunda experiencia que constituye su propósito: la transformación individual alcanzada al trascender la existencia mundana, y la obtención de la liberación o autorrealización. En ese momento de trascendencia, el conocimiento deja de ser filosófico o psicológico: es el conocimiento indescriptible, directo, inmediato, más allá de las palabras y los pensamientos, la experiencia del vacío (sunyata), lo numinoso, el Sí mismo, la unidad del ser humano y Dios.

Jung se refería a esta experiencia de una forma u otra en muchos de sus escritos, pero lo articuló de una manera más elocuente en sus *Septem sermones ad mortuos* (Siete sermones a la muerte), que escribió durante la época de su confrontación con el inconsciente. Esta breve pero extraordinaria obra, repleta de paradojas, recuerda sorprendentemente al pensamiento budista. De hecho, repite las palabras del *Sutra del corazón*: «forma es vacuidad, vacuidad es forma», o del *Lankavatara Sutra* que dice que «espacio es forma, y... como el espacio penetra en la forma, forma es espacio».[170]

Y ahora es Jung quien habla:

> «La nada es lo mismo que la plenitud. En lo infinito, lleno no es mejor que vacío. La nada es a la vez lleno y vacío ... Algo que es infinito y eterno no tiene cualidades, pues las contiene a todas.»[171]

Jung llama a esta nada o plenitud «pleroma»,[172] y la distingue de «creatura», el principio de distinción. En pleroma, «tanto el pensar como el ser cesan, ya que lo eterno y lo infinito no poseen cualidades... En pleroma no hay nada y está todo».[173] Y en un pasaje posterior, Jung escribe:

> «Todo lo que la discriminación extrae del pleroma es un par de opuestos. Así pues, a lo bueno siempre le corresponde lo malo.
>
> »Esta inseparabilidad es muy próxima y, como vuestra propia vida debe de haberos mostrado, tan indisoluble como el pleroma mismo. Tanto es así que ambos están muy próximos al pleroma, en el que todos los opuestos se extinguen y se unen.»[174]

En el pleroma se reconoce el concepto budista de la vacuidad, así como el concepto tántrico más importante: el de la polaridad y su integración, que se halla en el corazón mismo de toda práctica de meditación del Vajrayana. Asimismo, el concepto de Jung de la «función trascendente» es un desarrollo y una aplicación práctica del principio de pleroma. Debe destacarse que Jung escribió *Septem sermones ad mortuos* en la época en que aún no había descubierto las tradiciones orientales.

LA TRANSFORMACIÓN ESPIRITUAL

La meta última de la psicología de Jung y del budismo tibetano es la transformación espiritual. Jung se refiere a ésta como la autorrealización, la totalidad, mientras que para el budismo tibetano es la budeidad, la iluminación, para el beneficio de todos los seres. Según este último, cada individuo tiene la capacidad de devenir un buda, de alcanzar la transformación suprema. El impulso hacia la luz, hacia una conciencia superior, para los budistas así como para Jung, ha estado siempre presente y en todas partes. Como dice Jung:

> «... dentro del alma, desde sus principios primordiales, ha existido el deseo de la luz y un irreprimible impulso a salir de la oscuridad fundamental... la noche psíquica primaria ... la misma hoy como desde hace incontables millones de años. El anhelo hacia la luz es el anhelo de la conciencia.»[175]

Para los budistas hay un impulso hacia la budeidad, la quintaesencia de la naturaleza humana, y para Jung es el impulso hacia la totalidad. En ambos casos supone un largo y, según Jung, interminable viaje, que es único para cada individuo y que sólo puede realizarse en la mente. Particularmente en el budismo tántrico, la mente es un rey de poder ilimitado. Al igual que el alquimista puede convertir el metal en oro, la mente puede transformar cualquier suceso en sabiduría trascendental y usarlo como medio para alcanzar la iluminación. Y este majestuoso poder se encuentra en nuestro interior, en ningún otro lugar, y no fuera de nosotros, pero para reconocerlo necesitamos la llave de la conciencia.

Según las enseñanzas del budismo tántrico, la iluminación, la liberación, puede ser alcanzada en esta vida. Consiste en un cambio fundamental en nuestra percepción de la realidad «el giro en lo más profundo de la conciencia», cuando el «yo» o autoconciencia dirige su atención hacia la conciencia universal. Es la «experiencia intuitiva de la unidad infinita que lo abarca todo».[176] La experiencia puede también describirse como el descubrimiento de una realidad más allá del mundo ordinario de las apariencias, en la que los opuestos ya no existen. En este espacio abierto, se abandonan todas las limitaciones; no hay exclusividad, no hay esto o aquello, sino esto y aquello; todo está incluido, nada se rechaza. Es el mundo de la no-dualidad, el pleroma, del que todo se origina y en el que todo desaparece. Los budistas lo llaman sunyata, vacuidad, el espacio abierto que contiene tanto el principio de causalidad como el de sincronicidad.

> «En su sentido metafísico más profundo, [sunyata] es la base primordial, el omnipresente punto inicial de toda creación. Es el principio de potencialidad ilimitada ... En el plano intelectual, sunyata es la

> relatividad de todas las cosas y condiciones, en la medida en que no existe nada independiente sino sólo en relación a lo demás, y finalmente en relación a todo el universo. Se trata de algo más que una mera correspondencia causal de tiempo-espacio; es la base común y la presencia simultánea de todos los factores de la existencia...»[177]

Desde el punto de vista tántrico, cada ser contiene todo el universo. No hay separación entre la mente individual y la mente universal, pues la mente no está sujeta al tiempo y al espacio. En la actualidad, los descubrimientos de la física moderna revelan la visión básica del mundo como la unidad, interrelación e interpenetración de todas las cosas y sucesos.[178] Y según el *Avatamsaka Sutra*,

> «Todas las tierras de los budas y todos los budas mismos, se manifiestan en mi propio ser...»[179]

Esto ofrece un paralelismo con la convicción de Jung de que el macrocosmos se manifiesta en el microcosmos de la psique humana. Lo expresa con las siguientes palabras:

> «... esta incógnita en el ser humano que es tan universal y amplia como el propio mundo, que está en él mismo por naturaleza y no puede ser adquirida. Psicológicamente, corresponde al inconsciente colectivo...»[180]

El inconsciente colectivo es el reino de la psique en el que prevalece la no-dualidad, pero que contiene, como en el caso de sunyata, el principio de potencialidad ilimitada. Así, para Jung, los principios del universo se reflejan en la psique.

LA UNIÓN DE LOS OPUESTOS

El concepto fundamental en el Tantra es el reconocimiento de la polaridad y su integración en la esencia de la práctica tántrica: la unión de las energías masculina y femenina, de la materia y el espíritu, de los principios activo y pasivo, de la sabiduría, el principio de la discriminación (personificado por Manjushri, el Buda de la sabiduría), y la compasión, el principio unificador (personificado por Avalokiteshvara, el Buda de la compasión).

En la psicología de Jung, el principio de los opuestos cobra también importancia primordial. Para Jung, la oposición es inherente a la estructura de la psique, como lo es en el cosmos: lo cosmológico se refleja en el nivel psicológico. En el contexto de su psicología, los pares de opuestos básicos son consciente e inconsciente. Podría decirse que, en el nivel cosmológico, el primero representa a creatura, la individualidad, y el segundo, al pleroma, la no-dualidad.

A nivel psicológico, el significado del principio de los opuestos reside en el hecho de que la psique es una unidad dinámica, un sistema de autorregulación en el que la conciencia y el inconsciente son complementarios uno del otro. Negar uno u otro provoca la unilateralidad, el desequilibrio y por lo tanto una pérdida de totalidad. «Debe haber siempre un alto y bajo, un caliente y frío, etc...», dice Jung. Sin embargo, «la cuestión no es la conversión en el opuesto, sino la conservación de los valores previos junto con el reconocimiento de su oposición».[181] No se rechaza nada, y no se acepta nada como un absoluto. Desde el punto de vista de Jung:

> «Es ... un error fundamental imaginar que, cuando vemos el no-valor en un valor o la no-verdad en la verdad, el valor o la verdad deje de existir. Únicamente se ha hecho relativa. Todo lo humano es relativo porque todo estriba en una polaridad interna...»[182]

Para Jung, «la *unión de los opuestos a través del camino del medio*» es «el ítem fundamental de la experiencia interna».[183] La resolución de los opuestos acaba con el conflicto y aporta la totalidad. Pero la totalidad no puede alcanzarse a través de la supresión o negación, que es siempre unilateral, sino únicamente alzando nuestra visión a un nivel de conciencia más elevado. Ésta es la premisa básica del método psicológico de Jung. «La individuación, o convertirse en la totalidad», dice, «no es un *summum bonum* ni un *summum desideratum*, sino la dolorosa experiencia de la unión de los opuestos.»[184]

Debería sugerir, no obstante, que la realización de la unión de los opuestos es el *summum bonum* porque conlleva libertad espiritual que se experimenta en la personalidad integrada y unificada.

Buda, en su viaje a la iluminación, abandonó el ascetismo, pues había comprendido que, al practicarlo, rechazamos parte de nosotros mismos, y en consecuencia no podemos realizar la totalidad. En su lugar, adoptó y luego enseñó el Camino del Medio.

El camino de Buda, el Camino del Medio, fue formulado de nuevo y sistematizado en términos filosóficos, en el siglo III d.C., por el filósofo indio Nagarjuna en su sistema de pensamiento Madhyamika (Camino del Medio), el cual está considerado como la filosofía central del budismo Mahayana. Mientras que Buda mantuvo su «noble silencio» cuando se le preguntaba sobre cuestiones filosóficas o metafísicas, Nagarjuna, un lógico brillante, aplicaba el método dialéctico y sostenía que la verdad no se puede encontrar en ninguna opinión o concepto, ni sistema de comprensión. La verdad, lo Absoluto, que es inexpresable, sólo puede concebirse más allá de cualquier tipo de exclusividad. El conflicto producido por la razón y las posiciones contrapuestas puede resolverse alcanzando un punto de vista superior, es decir, por la conciencia de la totalidad y no por las partes separadas. Uno va más allá, hasta la intuición, que se considera una facultad superior: el conocimiento no-dual, el conocimiento de lo Real, el Absoluto.

Y ésta es la opinión de Jung sobre la intuición:

> «En la intuición, un contenido se presenta a sí mismo entero y completo, sin que nos podamos explicar o descubrir cómo este contenido se hizo existente ... El conocimiento intuitivo posee una convicción y una certeza intrínsecas...»[185]

El punto central en la filosofía de Nagarjuna es la regla del Camino del Medio, que en la práctica significa: «ver las cosas tal como son, aceptar la posibilidad de determinar las cosas de forma diferente desde distintos puntos de vista y reconocer que estas determinaciones no pueden tomarse como algo absoluto».[186]

En la filosofía de Nagarjuna la distinción entre la verdad mundana y la verdad última, es igualmente básica por ser en realidad uno de los fundamentos de las enseñanzas de Buda, y el budismo Mahayana lo enfatiza constantemente. Pero esto no implica una separación entre lo mundano y lo trascendental. Se trata más bien de la comprensión de la relatividad de lo mundano y una consecuente profundización en el conocimiento interior, en cuyo proceso lo mundano, lo superficial, no es destruido, sino transformado y visto bajo una nueva luz.[187]

El Madhyamika enseña que

> «... comprender lo último no es abandonar lo mundano sino aprender a verlo "con el ojo de la sabiduría"... Lo que debe ser abandonado son nuestras perversiones y falsas adhesiones ... Esto se aplica no sólo a la vida, sino también a las palabras, los conceptos, la comprensión, los sistemas de comprensión.»[188]

EGO Y NO-EGO

Dentro del sistema tántrico, cualquier placer mundano, cualquier experiencia de los sentidos, cualquier circunstancia en este mundo, cuando se aplica la sabiduría, puede convertirse en una oportunidad para la iluminación. Hemos visto que sabiduría (*prajna*), implica no-exclusividad, no-apego, el principio de relatividad, sunyata.

El mayor obstáculo es el ego. Según el pensamiento

budista, el ego, o mejor dicho, la *percepción* de nuestro propio «yo», es la raíz de todos los problemas y sufrimientos. Cuando los budistas hablan del ego, se refieren a la creencia ilusoria en una entidad separada, concreta, sólida, independiente y desconectada de cualquier otro fenómeno. Naturalmente, en este sentido, el ego se convierte en una barrera insuperable entre uno mismo y el resto del mundo, impidiendo toda verdadera comunicación y comunión, no sólo con los demás sino también con lo más profundo de uno mismo. Esta barrera debe ser demolida, y éste es el problema principal en el camino a la liberación.

Así, el propósito no es tanto la disolución del ego como la disolución del punto de vista falso sobre el ego; y lo que debe lograrse es una apertura a todas las posibilidades que se presenten, y, sobre todo, la comprensión de que somos infinitamente más de lo que creemos ser cuando nos identificamos con nuestro pequeño ego concreto. Cuando nos hemos liberado de la esclavitud de nuestro mundo egocéntrico, tenemos potencialidades ilimitadas; como dirían los budistas, podemos convertirnos en un buda.

Además, según Jung, el ego, lleno de distorsiones y proyecciones, necesita ser disuelto antes de que pueda emerger el Sí mismo. El Sí mismo, no obstante, dado que es la totalidad de la psique, incluye al ego. En el proceso de individuación no se destruye el ego, más bien, se lo subordina al Sí mismo. El ego deja de ser el centro de la personalidad; el Sí mismo, el mandala que une todos los opuestos, deviene el centro. Lo que se disuelve es el ego concreto, inflado, el que persigue únicamente sus propios propósitos, el que sólo sigue sus propios impulsos. El ego individualizado, en relación al Sí mismo, no solamente es necesario para un funcionamiento adecuado en lo que los budistas llaman el nivel mundano de la realidad; es también de crucial importancia en el encuentro con lo transpersonal, para preservar la integridad de la psique.

Para Jung, el objetivo de la psicoterapia es la transformación, y la desaparición del ego es el único criterio de cambio. Pero sostiene que, con los occidentales, a menudo debe producirse «un primer ego consciente y una comprensión cultivada a través del análisis, antes de pensar siquiera en la abolición del ego».[189]

No obstante, en el sentido alquímico de *solutio*, la disolución de un terreno duro, seco de conciencia egótica a través de la confrontación, y la fertilización con el fluido inconsciente, es un prerrequisito necesario para que tenga lugar la transmutación. Ésta es otra forma de ver el sacrificio del ego personal al Sí mismo transpersonal, el continuo proceso de muerte y renacimiento. La experiencia de la no dualidad, la experiencia mística o cualquier acto creativo debe pasar por este proceso.

La ilusión de un ego permanente, separado, implica que no exista la individualidad. Nuestra unidad esencial con el universo, según Lama Govinda,

> «... no es igualdad o identidad incondicional, sino una relación orgánica, en la que la diferenciación y la exclusividad de función son tan importantes como la unidad básica o última.
>
> »Individualidad y universalidad no son valores mutuamente excluyentes, sino las dos caras de una misma realidad, que se compensan, se completan y se complementan una a la otra convirtiéndose en la experiencia de la iluminación. Esta experiencia no disuelve la mente en un todo amorfo, sino que aporta la comprensión de que el propio individuo

> contiene la totalidad focalizada en su auténtico centro.»[190]

Universalidad e individualidad, unidad y diversidad, pleroma y creatura, nirvana y samsara, las «dos caras de la misma realidad»; nada podría existir sin su opuesto.

EL SUFRIMIENTO Y LOS MÉTODOS DE CURACIÓN

El primer interés, tanto por parte de Jung como del budismo, es aliviar el sufrimiento. De hecho, todo el sistema budista ha evolucionado alrededor de la idea central, formulada inicialmente por Buda en las Cuatro Nobles Verdades, de que todo en la vida es sufrimiento, pero que éste puede tener un fin. En el budismo Mahayana el ideal del Bodhisattva, el símbolo de la compasión, es la expresión última del interés subyacente: conducir a cada ser a liberarse del sufrimiento, a la iluminación.

También Jung nos habla en su autobiografía y en sus escritos de su interés por la curación del sufrimiento humano. «No profesamos», dice,

> «... una psicología con meras pretensiones académicas, ni tratamos de obtener explicaciones que no tengan relación con la vida. Lo que necesitamos es una psicología práctica que produzca buenos resultados, que explique las cosas de forma que se justifique por efectos visibles en el paciente.»[191]

Pero, a diferencia de Buda, Jung no percibe la posibilidad de que el sufrimiento tenga un fin. Desde su punto de vista, la felicidad y el sufrimiento representan otro par de opuestos, indispensables para la vida, y que no pueden existir uno sin el otro. Dice:

> «El ser humano debe superar el problema del sufrimiento. Los orientales quieren liberarse del sufrimiento deshaciéndose de él. El hombre occidental intenta suprimir el sufrimiento con drogas. Pero el sufrimiento debe ser vencido y la única forma de superar el sufrimiento es soportándolo. Esto lo aprendemos sólo de él [el Cristo Crucificado].»[192]

En otra ocasión, Jung habla de las consecuencias del sufrimiento como una posibilidad de doble filo: puede ser una disciplina «necesaria para el caos emocional del ser humano, aunque al mismo tiempo puede matar el espíritu vivo... si el sufrimiento es educativo o desmoralizador, es siempre una cuestión no resuelta ... El destino del hombre ha oscilado siempre entre el día y la noche. No podemos hacer nada para cambiar esto».[193] Así, el sufrimiento tiene la capacidad de convertirse en «accionador psíquico», un preludio para el proceso de curación e individuación, o puede llevar a la patología. Los dolorosos síntomas de la neurosis son con frecuencia la expresión del impulso de la psique hacia la totalidad. Contienen semillas de potenciales que deben ser actualizados, y cuando se trabaja con ellas, en lugar de evitarlas o suprimirlas, se convierten en fuentes de nuevas realizaciones, de nueva integración; la «noche oscura del alma» se transforma en iluminación. Jung tuvo esta experiencia a lo largo de su vida. Por otra parte, un sufrimiento excesivo, abrumador, particularmente en individuos cuya constitución interna es débil y el ego está desconectado del Sí mismo, puede conducir a direcciones diametralmente opuestas: la locura, la criminalidad y otros tipos de patologías.

El camino que conduce, a través del infierno, a la iluminación, al Sí mismo, no es de ninguna manera fácil. Requiere el sacrificio de nuestra posesión más querida, nuestro ego, de forma que pueda emerger el Sí mismo. Así, los budistas afirman que la raíz de todo sufrimiento está en el apego al ego, y nos instan a renunciar a él, de forma que nuestra verdadera naturaleza, nuestra naturaleza de buda pueda revelarse. Pero esto sólo puede producirse de forma espontánea; no puede ser forzado, ni con los métodos terapéuticos de Jung, ni con ningún método budista.

En ambos sistemas, el camino es diferente para cada individuo, y es algo que cada uno lleva dentro de sí como un trabajo interior único. El proceso de individuación de Jung, su viaje a la totalidad, es una búsqueda muy individual. Jung incluso se oponía a utilizar grupos como medio psicoterapéutico. El camino del adepto budista es asimismo muy individual, aunque se utiliza la práctica de grupo, reconociendo la poderosa energía que se genera, y especialmente con la participación en los rituales.

Es, invariablemente en los dos sistemas, un método no dogmático, empírico, que apunta a la experiencia interna viva, un camino dinámico de interiorización hacia el centro, donde se halla contenida la semilla de la iluminación o el Sí mismo, en cada uno de nosotros. «Ningún libro puede enseñar psicología; se aprende a través de experiencias reales»,[194] dice Jung. Y en otro pasaje escribe: «En psicología no se posee nada que uno mismo no haya experimentado realmente. Por lo tanto, no es suficiente una comprensión puramente intelectual, porque conocemos sólo las palabras y no la sustancia percibida desde el interior.»[195]

La función cognitiva, sin embargo, no se minimiza ni en Jung ni en el budismo. Según los tibetanos, «la comprensión intelectual incrementa el poder de la mente racional y eso incrementa el poder de la meditación formal».[196] Después de escuchar las enseñanzas, el discípulo debe tratar de comprenderlas mediante la razón antes de que puedan transformarse en realidad viva. Entonces, si no se corresponden con su experiencia de la realidad viva, debe abandonarlas. ¿No es esto lo que Jung nos dice cuando sostiene que una comprensión consciente debe preceder a la desaparición del ego? Además, en su psicología, ¿no muestra preocupación en primer lugar por los resultados prácticos que deben ser justificados por la experiencia subjetiva del paciente al que está tratando?

La Primera Noble Verdad —la naturaleza de la vida es sufrimiento— debe primero entenderse claramente antes de pasar a otro punto. Se dice que el camino que conduce a la liberación se completa a través del intelecto, tanto como a través de la perfección espiritual y moral. En la práctica budista de la atención, uno ha de estar muy atento a las actividades de la mente, ideas y pensamientos, sensaciones y sentimientos. Y, especialmente en el Tantra, todas las tendencias ocultas, las proyecciones, deben conocerse y experimentarse antes de ser transformadas en sabiduría.

En el análisis junguiano debemos tratar con nuestra sombra, la parte oscura y rechazada de la psique, detectar las proyecciones y objetivos egocéntricos. La intensidad del torbellino emocional no se reprime ni desvaloriza, sino que la energía ahí contenida se utiliza en el proceso del cambio. De la misma forma, en las prácticas tántricas, la energía de las emociones, como la ira, el deseo, la aversión, etc., se moviliza para transmutar la pasión. Ambos sistemas reconocen plenamente la destructividad potencial de las tendencias inconscientes ocultas. Por esta razón, debe haber un acercamiento a la totalidad de la psique, a sus aspectos oscuros al igual que a los luminosos; en el Tantra se personifican en las deidades pacíficas y airadas, que se construyen y disuelven repetidamente en nuestra visualización. Estamos continuamente haciendo frente al conflicto de los opuestos en el esfuerzo de trascenderlos. Éste es el propósito de las *sadhanas* (prácticas de meditación), que se basan en una fuerte comprensión de la psicología profunda.

En el análisis junguiano, el principio comparable es la función trascendental, aspecto que se pretende conseguir en el proceso dialéctico entre el analista y el analizado. Este último, en su camino a la individuación, reconcilia las partes conflictivas de su psique, la división entre el ego consciente y el inconsciente, alcanzando el más allá de todo par de opuestos.

En ambos sistemas, el adepto o el analizado debe eventualmente llegar a independizarse del soporte externo. Los métodos utilizados en el trabajo del crecimiento interior varían infinitamente, dependiendo de la persona, el momento y las circunstancias. Para enseñar la misma verdad, Buda utilizaba un lenguaje diferente para cada persona, siendo consciente de la importancia de las necesidades y características individuales. «Dado que la individualidad ... es absolutamente única, impredecible e ininterpretable», insiste Jung, «el terapeuta debe abandonar todas sus preconcepciones y técnicas...»[197] La integridad de la psique del otro es altamente respetada y no debe violarse nunca imponiendo nuestras propias definiciones e ideas preconcebidas. De esta forma puede establecerse la verdadera comunicación.

Éste es el punto de vista de Jung, pero también es el espíritu de la filosofía Madhyamika.

La transformación se lleva a cabo mediante el vehículo de los símbolos. Jung reconocía que «toda imaginación es una potencialidad»,[198] y mediante su método de la imaginación activa encontró una forma para curar y transformar la personalidad. De la misma forma, en la meditación tántrica el iniciado se impregna de los símbolos visualizados, las deidades, todos los diferentes símbolos de Buda, y se transforma en Buda.

En el modelo tántrico, Jung halló una analogía con su psicología del inconsciente. Señala que el Tantra trata con contenidos que son «constantemente reproducidos por nuestro inconsciente, en esta forma o en otra ... Esto no es misticismo, esto es psicología».[199]

Es digno de observación la poderosa simbología que los budistas tibetanos utilizan en su iconografía (*thangkas*), sus textos sagrados, y sus rituales, todos diseñados para expresar lo inexpresable y para evocar ciertas experiencias que transportan al individuo a niveles superiores de conciencia, más allá de la realidad mundana. Las enseñanzas se imparten en un estilo poético, imaginativo y a menudo repetitivo. En sus escritos, Jung también hace uso abundante de la repetición, la circunvalación, las paradojas, y evita un estilo y un lenguaje que sean puramente racionales. Nos dice que

> «... al describir el proceso viviente de la psique, deliberada y conscientemente doy preferencia a una forma de pensar y de hablar dramática, mitológica, porque no solamente es más expresiva, sino también más exacta que una terminología científica abstracta...»[200]

La idea de la transformación psíquica es fundamental en el Tantra, en Jung y en la alquimia. En el Tantra, el adepto, en el proceso en el que se hace consciente de su propia esencia divina, se identifica con las cualidades divinas. Los budistas, nos dicen,

> «... creen en el principio divino del ser humano, la chispa innata de luz (*bodhichitta*) encarnada en su conciencia como un deseo hacia la perfección, la realización, la iluminación. Para expresarlo paradójicamente, no es Dios el que crea al ser humano, sino que éste crea a Dios a su imagen, es decir, la idea de la aspiración divina en su interior, que reconoce en los fuegos del sufrimiento, del que nacen la compasión, la comprensión, el amor y la sabiduría.
>
> »El desarrollo de la vida de los individuos en el universo no tiene otro objetivo aparente que el hacerse consciente de su propia esencia divina, y dado que este proceso tiene lugar continuamente, representa un nacimiento perpetuo de Dios o, para decirlo en terminología budista, la aparición continua de seres iluminados, en cada uno de los cuales se hace consciente la totalidad del universo.»[201]

En este punto podemos trazar un extraordinario paralelismo con el pensamiento de Jung: «el creador ... necesita al ser humano para iluminar su creación»[202] y este trabajo sólo puede realizarse en la psique individual, portadora de la chispa divina.

Jung nos habla de este tema:

«Aunque la encarnación divina es un suceso cósmico y absoluto, empíricamente sólo se manifiesta en aquellos relativamente escasos individuos capaces de suficiente consciencia como para tomar decisiones éticas, para decidir sobre el Bien. Por eso Dios sólo puede ser llamado bueno en la medida en que es capaz de manifestar su bondad en los individuos. Sus cualidades morales dependen de los individuos. Por ello se reencarna. La individuación y la existencia individual son indispensables para la transformación de Dios el Creador.»[203]

El bodhisattva Mahayana, que ha alcanzado el estado más elevado de conciencia, y quien mediante sus acciones y actitudes, su sabiduría y compasión, posee una fuerza activa que promueve «la transformación de Dios», es a mi parecer, en términos de Jung, el individuo más completamente realizado del que Dios depende para iluminar Su creación. Tanto Jung como los budistas afirman que únicamente los seres humanos pueden realizar esta tarea en el universo, de ahí la necesidad de la existencia humana, o como dirían los budistas, del «precioso renacimiento humano». Quizás éste sea el verdadero sentido del ideal Mahayana del bodhisattva, cuyo único propósito en el mundo es trabajar para el beneficio de todos los seres. Y cuando los bodhisattvas enseñan e inspiran a aquellos que están en el camino de la liberación, los están conduciendo hacia esas experiencias internas que Jung conoció, y a las que alude en su exposición: «... cuando nuestra conciencia empieza a extenderse en los niveles del inconsciente, es muy posible que conectemos con esferas de un Dios aún no transformado.»[204]

Pero la diferencia entre el budismo Mahayana y Jung radica en que Jung considera que el inconsciente no puede nunca devenir totalmente consciente y que el proceso de individuación no se completa nunca, mientras que para el budismo es posible conocer todo lo desconocido y llegar a la completa iluminación. Se debe recordar aquí que, en todo su trabajo, Jung tiene en cuenta únicamente las experiencias psicológicas que pueden establecerse empíricamente y no trata con categorías metafísicas. Por ello, Jung dice

> «... cuando Dios o Tao es denominado impulso del alma o estado psíquico, se ha dicho solamente algo de lo conocido, pero nada de lo desconocido, sobre lo que nada puede determinarse.»[205]

Desde el punto de vista de Jung, aunque la tarea del ser humano es alcanzar los máximos niveles de conciencia, cualquier incremento de ésta produce una carga adicional. Esto es diametralmente opuesto a la visión del budismo Mahayana de que la conciencia está en la fuente de la liberación, y de que es gozo. El verdadero proceso para alcanzar la meta no está de ningún modo libre de torturas. El discípulo avanzado se enfrenta a todo tipo de pruebas, y las experiencias que soporta no son diferentes a las aterradoras y atormentadas visiones del alquimista Zosimos.[206] Pero el resultado final es nada menos que bienaventuranza y gozo. Este aspecto gozoso se enfatiza continuamente en la meditación tántrica y es una experiencia que viven incluso los meditadores menos avanzados. La risa alegre y contagiosa de los lamas tibetanos, su exuberancia unida a su calma y tranquilidad, su exquisita espontaneidad, calidez y apertura, reflejan el estado de la mente de los seres humanos a los que no estorban los problemas y cargas de la vida diaria, materiales o psicológicos, ni el miedo, ni la muerte. Ésta es la primera impresión que invariablemente recibe cualquiera que haya tenido la buena fortuna y el privilegio de conocerlos. Con su actitud y conducta parecen querer transmitirnos, en un lenguaje sin palabras, pero claro e inequívoco, que es verdaderamente posible trascender el sufrimiento, tal como enseñó su primer Maestro.

En contraste, Jung no se propuso ayudar a sus pacientes a acabar con el sufrimiento. Pensaba que «la vida necesita para su completación un equilibrio entre la alegría y la tristeza».[207] Mientras él sostiene que el sufrimiento es un aspecto natural y no patológico de la vida, y la felicidad un estado imposible de alcanzar, el budismo afirma que el sufrimiento puede ser transmutado en felicidad.

De cualquier forma, los budistas, al igual que Jung y los alquimistas, comprenden que la tarea más importante que deben realizar es la redención de la chispa divina en nuestro interior. Para el budismo tántrico significa encontrar la deidad oculta en el inconsciente y asfixiada por el ego. Para Jung es la realización consciente del Sí mismo y su separación del ego. Para el alquimista es la redención del *anima mundi* prisionera en la materia.

LA VISIÓN DE JUNG SOBRE LAS TRADICIONES ORIENTALES

En los escritos de Jung podemos encontrar muchas paradojas e incongruencias, y sus opiniones sobre las tradiciones orientales son un buen ejemplo de ello. En algunos casos, Jung habla a favor de las tradiciones orientales, alabando sus formas de aproximación a la psique y su sabiduría intuitiva, de la que carece Occidente, y en otros previene a los occidentales sobre los riesgos de adoptar un sistema que es ajeno a nuestra cultura.

Personalmente, me sorprende la penetrante comprensión de Jung (salvo errores ocasionales) de los sistemas orientales, incluida la tradición tibetana, sin haber tenido el beneficio de un contacto directo con ésta y sin haber experimentado sus prácticas meditativas. De igual manera me sorprende la penetrante percepción y sensibilidad que actualmente tienen algunos lamas tibetanos hacia Occidente y su estilo de vida. He reflexionado con frecuencia sobre esto y mi opinión es que, en ambos casos, se debe a una sabiduría intuitiva propia de las mentes claras, sin prejuicios, capaces de trascender las barreras históricas y culturales y de alcanzar conclusiones válidas.

Jung observa grandes diferencias entre las premisas de Oriente y Occidente, y plantea la posibilidad y la viabilidad de imitarse uno a otro.[208] Junto con esta aseveración, también nos dice que, en la psique humana, el inconsciente colectivo «posee un substrato común que trasciende todas las diferencias de cultura y de conciencia».[209] Esta psique inconsciente, en virtud de ser común a todos los seres humanos, contiene «predisposiciones latentes hacia reacciones idénticas».[210] Ciertamente, Jung es consciente de los estrechos paralelismos entre la psicología oriental y la occidental.[211] Su preocupación, pues, es que los occidentales adopten los valores orientales desde su posición generalmente extravertida y desarrollen dogmas a partir de éstos, en lugar de buscar estos valores en su interior, en su psique. En su opinión, la base de las enseñanzas orientales consiste en una percepción interna de la mente, lo cual conlleva de por sí un poder autoliberador. Se muestra muy crítico con los occidentales que tratan meramente de imitar, y cuyos esfuerzos permanecen superficiales y por tanto inútiles, resultando además dañinos para la psique. Jung señala:

> «Nunca se es suficientemente cauto en estos temas, porque llevados por el impulso de la imitación y una avidez mórbida positiva de poseer ellos mismos ese plumaje estrafalario y adornarse con algo exótico, demasiada gente se pierde en arrebatar tales ideas "mágicas" y aplicarlas externamente como un ungüento. La gente hace cualquier cosa, sin importar lo absurdo que sea, con tal de evitar enfrentarse con su propia alma.»[212]

Jung dice que el problema básico, tanto en Oriente como en Occidente, «no es tanto un abandono de los objetos de deseo como una actitud más desapegada del deseo como tal, no importa cuál sea su objeto».[213] Respecto a esto, comprendió totalmente uno de los postulados principales del Tantra: no es el deseo como tal, sino la falta de control, la posesividad y el apego al deseo lo que provoca un estado confuso de la mente y, en consecuencia, sufrimiento.[214] De ahí la necesidad de ver todos los fenómenos como no-permanentes y vacíos.

Jung no podía concebir la posibilidad de alcanzar la total no-dualidad, un estado en la unicidad. «No se puede conocer aquello que no sea distinto de uno mismo ... Por ello, supongo que, en este punto, la intuición oriental ha ido demasiado lejos.»[215] Al hacer esta declaración, Jung parece olvidar que sus propios conceptos son a menudo irracionales y paradójicos, y además la no-dualidad a nivel transpersonal no excluye la individualidad en el nivel convencional de existencia. Por otra parte, las experiencias de no-dualidad tampoco son desconocidas en la tradición occidental. Me estoy refiriendo a las disciplinas y prácticas contemplativas de la vida monástica medieval, cuando el individuo, por un instante, se sentía en unidad con Dios, o mejor, era Dios,[216] al igual que el meditador se convierte en la divinidad que visualiza.

Jung se aproxima más, en muchos aspectos, a las tradiciones orientales que a las occidentales, a pesar de su insistencia en que los occidentales deben permanecer en su propia tradición, sus símbolos y su mitología. Al igual que los budistas, rechaza los dogmas, y en su psicología, como en la enseñanza budista, únicamente la experiencia interna y subjetiva da validez a la teoría. El propio Jung tuvo profundas experiencias internas y desde lo profundo de su alma obtuvo el conocimiento inmediato directo que trasladó a su trabajo. A este respecto, estaba siguiendo la tradición gnóstica. Esta última le había inspirado e influido antes de que las tradiciones orientales le llamaran la atención. Algunos estudiosos han sugerido que las tradiciones hindú o budista influyeron en el gnosticismo, aunque no exista ninguna evidencia concluyente.[217] Cabe la posibilidad de que la mente humana produjera ideas similares o idénticas en dos partes diferentes del mundo. Esto únicamente confirmaría el concepto de Jung sobre la estructura común de la psique, que trasciende las diferencias culturales. Pero cualquiera que sea su origen, el gnosticismo contiene paralelismos más que superficiales con el budismo.

Al comparar estos dos sistemas encontramos muchas analogías. Algunas de las más evidentes incluyen la idea de la liberación humana a través de la transformación interna: la psique como portadora en sí misma del potencial de liberación, el énfasis en la primacía de la experiencia inmediata; la necesidad de un guía inicial y la libertad eventual respecto a una autoridad externa. Ambos sistemas ven la propia mente del discípulo como su guía y es ahí donde deben descubrir la verdad. Otra similitud es la creencia de que la fuente del sufrimiento y la esclavitud bajo los impulsos inconscientes no es el pecado, sino la ignorancia, la ausencia de autoconocimiento: aquel que permanece ignorante vive en la ilusión y no puede experimentar la realización. Y, por supuesto, el descubrimiento de lo divino en el interior de uno mismo es un punto fundamental en ambos sistemas: el que alcanza la gnosis ya no es un cristiano, se convierte en el Cristo.[218]

Éste es un pasaje del Evangelio gnóstico de Felipe que llama la atención por su similitud con el punto de vista tántrico fundamental:

> «... viste al espíritu, te convertiste en espíritu. Viste al Cristo, te convertiste en el Cristo. Viste [al Padre] ... te convertirás en el Padre ... te ves a ti mismo, y *aquello que tú ves, llegarás [a ser].*[219]

Veamos ahora otro pasaje que implica que el Reino de Dios no es más que el símbolo de un estado de conciencia transformado:

> «Jesús dice ... "Cuando hagas del dos uno, y hagas el interior como el exterior y el exterior como el interior, y lo de arriba como lo de abajo, y cuando hagas al hombre y la mujer uno y lo mismo ... entonces entrarás [en el Reino]".»[220]

Parece obvio que los símbolos budistas y los gnósticos cristianos expresan las mismas experiencias internas, e, independientemente del camino que el discípulo adopte, la búsqueda esencial de sentido y de trascendencia espacial y temporal es la misma. Por ello, cuando Jung penetró en las profundidades de su psique y obtuvo por ello acceso al conocimiento directo que surgió de su propia experiencia transformadora, se convirtió en un eslabón en la cadena de las antiguas tradiciones místicas, budista y cristiana. O, para decirlo de otra forma, en las profundidades del inconsciente colectivo, o en la elevación de su supraconciencia, Jung encontró la conciencia del místico medieval cristiano, la del maestro Eckhart, y la del maestro tántrico. Las palabras que expresan la experiencia inefable, la unión con la Mente Única, con Dios (que de todas formas está más allá de las palabras) y las herramientas utilizadas en el proceso pueden diferir, pero no la esencia de la experiencia: en el corazón de ésta, por un breve instante, la brecha entre diferentes tradiciones se cierra. Y es ahí precisamente donde busco los paralelismos entre los sistemas tántrico y junguiano. Una menor importancia cobran los métodos y técnicas que Jung desarrolló en el contexto occidental y conforme a su tradición e imágenes mitológicas y con las condiciones socioculturales de la Europa y Norteamérica contemporáneas. Únicamente reflejan la necesidad de mantenerse enraizado en la propia cultura, hecho que Jung reconoció, como lo harían también los budistas tibetanos. Y, sobre todo, cualquier budista estaría de acuerdo con el planteamiento de Jung: «debemos aproximarnos a los valores orientales desde dentro, no desde fuera, buscándolos en nosotros mismos...»[221]

RIESGOS

Tanto Jung como los budistas tántricos son conscientes de los riesgos latentes en la práctica de sus respectivos métodos. Jung nos advierte repetidamente de los posibles efectos peligrosos al liberar los contenidos inconscientes sin las precauciones necesarias, puesto que pueden sobrepasar a la conciencia y producir su colapso, provocando serias consecuencias, incluso psicosis. Compara el explosivo poder potencial de los arquetipos al del átomo liberado, y dice:

> «Los arquetipos tienen esta peculiaridad en común con el mundo atómico, que es ... que cuanto más profundamente penetra el investigador en el universo de la microfísica, más devastadoras son las fuerzas explosivas que encuentra ahí encadenadas.»[222]

Por ello, como se dijo anteriormente, es de crucial importancia poseer una estructura psíquica fuerte, bien desarrollada, antes de enfrentarse al inconsciente, de forma que pueda mantenerse el equilibrio mental.

Los maestros tántricos dan advertencias muy parecidas, es decir, que los métodos que enseñan son profundos, siendo éstos extremadamente poderosos y por ello peligrosos, a menos que se lleve a cabo la preparación adecuada y el discípulo sea conducido a la práctica gradualmente, bajo la guía de un maestro cualificado. Además, insisten en la importancia de relacionarse en todo momento con la realidad de la propia experiencia, con su aspecto sólido y terrestre.[223] En este punto es donde Jung estaría de acuerdo: supo muy bien lo crucial que fue para él mantener su trabajo diario, mantener un estrecho contacto con su familia, y llevar a cabo sus otras obligaciones, mientras estaba en plena confrontación con su inconsciente.

Los budistas tibetanos instan a los occidentales a que no abandonen los valores de su propia cultura. De hecho, como ellos dirían, es necesario una comprensión adecuada de la propia cultura y un profundo arraigo en ella como prerrequisito para aventurarse en una tradición ajena y obtener el beneficio de sus prácticas. También está siempre presente el riesgo de aprehender el sentido literal, más que el sentido intrínseco de los símbolos y rituales, y, de esta forma, extraviarse y perderse en la práctica individual.

Las imágenes tántricas que se visualizan en la meditación representan arquetipos, y por ello es necesaria una especial precaución al tratar con ellas. Como todo arquetipo, tiene un doble aspecto: el luminoso y el oscuro; cuando de repente emerge el poder del lado oscuro de las profundidades del inconsciente, puede provocar fantasías engañosas y pérdida de contacto con la realidad. Por ejemplo, el arquetipo de la Gran Madre contiene aspectos tan paradójicos como los de ser nutriente y creativa, así como devoradora y destructiva. Un individuo frágil, cuya conciencia no esté bien desarrollada, puede sentirse desorientado por la emergencia del arquetipo en su inesperado aspecto terrorífico.[224] Yo misma he sido testigo, en cursos intensivos de meditación, de este desafortunado efecto en estudiantes occidentales en más de una ocasión.

CUESTIONES ÉTICAS

Atisha, el sabio indio del siglo XI, a quien se le atribuye el renacimiento del budismo en el Tíbet, dice: «Cuando el continente y su contenido están llenos de errores, cambia estas circunstancias adversas en el camino de la completa iluminación.»[225] Este consejo podría también aplicarse a la gente del siglo XX. Los tibetanos actualmente reconocen que, dado que estamos viviendo en una era de degeneración en la que tanto el entorno (el continente) como los habitantes (el contenido) están contaminados y sufren enormes y peligrosos problemas, es el momento adecuado para utilizar la situación imperante como un estímulo para cultivar nuestras mentes, transformar nuestra actitud o, como dicen ellos, cambiar las circunstancias adversas en el camino a la liberación.[226]

Por su parte, Jung estaba también enormemente preocupado, en esta época de confusión, por el destino de nuestra civilización y el peligro de que la humanidad se destruya a sí misma. Percibió, sin embargo, que

> «Estamos viviendo en lo que los griegos llamaron *Kairos* —el momento adecuado— para una "metamorfosis de los dioses" ... Esto es lo que está en juego, y depende de la constitución psicológica del ser humano moderno.»[227]

Según Jung, y ésta es la misma idea que proponen los budistas tibetanos, el cambio debe iniciarse en los individuos, en su propia psique; éste es el instrumento más importante. Para Jung, esto implica autoconocimiento, conocer el lado oscuro del psiquismo, sus aspectos inconscientes al igual que los conscientes, y reconciliar las polaridades. Sin este conocimiento, los contenidos del inconsciente producen proyecciones e ilusiones que falsean nuestras relaciones con los demás, y aquí es donde se inician las guerras. «La acción correcta procede del pensamiento correcto, y ... no hay curación ni mejora del mundo que no se inicie en el propio individuo»,[228] dice Jung. ¿No es la acción correcta y el pensamiento correcto lo que Buda enseñó hace 2.500 años?

Cuanto más conscientes nos hacemos de nuestros impulsos inconscientes, menos contaminadas por las proyecciones son nuestras relaciones con el mundo, y más abiertos estamos para entrar en comunicación, sí, incluso en comunión con él. Jung habla de la necesidad de mantener un vínculo afectivo con la sociedad, el principio de *caritas*, el amor cristiano hacia el prójimo. Así, nos advierte que: «Allí donde acaba el amor, empieza el poder, la violencia y el miedo.»[229]

La compasión constituye el elemento básico en la filosofía y psicología budistas y, con respecto al budismo tibetano, es inseparable de la sabiduría, el estado iluminado de la mente. En la actualidad, el Dalai Lama, considerado como la reencarnación de Avalokiteshvara —el Buda de la compasión— está transmitiendo al mundo occidental, donde quiera que vaya, el ideal de la compasión como medio para alcanzar la armonía mundial y como principio de la responsabilidad universal.

En Occidente, el concepto budista de vacuidad (sunyata) es a veces interpretado de forma errónea, como si éste implicara la abolición de consideraciones éticas. Jung sospechaba que el intento por parte de los occidentales de desarrollar el desapego, aprendido de las prácticas yóguicas, no es sino una manera de librarse de las responsabilidades morales.[230]

El budismo es uno de los sistemas de desarrollo ético, así como psicológico, más elevados. Las cuestiones éticas y de responsabilidad individual forman siempre, y sin ningún tipo de excepción, parte integral de su filosofía y práctica. Esta norma se aplica a todas las escuelas y, evidentemente, también a la del budismo tántrico.

Jung, como psicólogo y médico, a través de su trabajo multidimensional y a lo largo de toda su vida, ha recordado al ser humano, el único portador de conciencia, su responsabilidad y obligación ética de transformarse a sí mismo o, en otras palabras, de transformar a Dios.

Conclusión

Para concluir, quisiera desarrollar ciertos aspectos con el fin de destacar las conclusiones alcanzadas a través de mi intento de abrazar y encontrar los posibles paralelismos entre el budismo y la psicología junguiana.

Ambos sistemas nacieron y se desarrollaron en lugares del planeta muy distantes uno del otro, tanto en el plano geográfico, histórico como cultural, separados por un lapso de dos milenios y medio. No obstante, a pesar de todas las divergencias, los dos centran su interés en los mismos problemas humanos, descubriendo que las soluciones han de buscarse únicamente en el interior de la psique de cada uno.

La intención dominante en el budismo es eliminar el sufrimiento. La tarea principal de Jung fue la de curar las heridas de la psique del ser humano. Los budistas, sin embargo, creen que la total liberación del sufrimiento es posible, mientras que la visión de Jung es que el sufrimiento es parte de la naturaleza de la vida, y que éste constituye un ingrediente incluso necesario que jamás puede ser completamente eliminado.

La meta última y final de ambos sistemas es el poder

convertirnos en lo que realmente somos. Para el budismo Mahayana significa alcanzar la budeidad; cada ser, sin excepción alguna, posee ese potencial. Con respecto a Jung representa alcanzar la totalidad, realizar nuestro Sí mismo, lo cual es un impulso inherente en la psique. El camino hacia la budeidad es extremadamente largo, pero existe la convicción de que, a través de la práctica de los métodos tántricos, puede lograrse en una sola vida. Según Jung, no obstante, la autorrealización es un proceso que no tiene fin.

El objetivo inicial, tanto del budismo como de Jung, es el desarrollo progresivo de la conciencia mediante la introspección. Según la visión budista, la conciencia puede llegar a desarrollarse completamente y así conseguir que ningún contenido inconsciente obstaculice la mente, y en consecuencia se alcance el control perfecto, el estado puro de la conciencia despierta. La conciencia, para los budistas, está asociada con el gozo: conocer es felicidad, no conocer es sufrimiento. Contrariamente, Jung cree que la conciencia pura, no contaminada por el inconsciente, no puede ser jamás alcanzada. Además, la integración del inconsciente en la conciencia, la reconciliación de los opuestos, no conlleva la eliminación del inconsciente o el control de éste, sino una concesión de ambos aspectos de la psique.

El principio y utilidad de los opuestos es fundamental en el modelo de Jung, así como también en el budismo, siendo particularmente enfatizado dentro de las prácticas tántricas.

Los dos sistemas requieren que todos los aspectos del individuo estén involucrados en el proceso; nada debe rechazarse. El conocimiento y la comprensión intelectual son aspectos importantes, especialmente en las etapas iniciales del camino; no obstante, han de completarse mediante el sentimiento y la intuición; además, el discernimiento obtenido a través de la contemplación o meditación ha de transferirse a la acción y convertirse en un deber moral.

El camino empieza y concluye en la psique, la mente. Jung asegura no hacer afirmaciones filosóficas o metafísicas, e insiste en que su trabajo está basado únicamente en evidencias empíricas. Por otro lado, el budismo, al ser una religión, aborda necesariamente categorías filosóficas y metafísicas. No obstante, el propio Buda se negaba a responder a preguntas relacionadas con la naturaleza de lo absoluto, sabiendo que los argumentos filosóficos crean discordia y confusión, además de no aportar solución al problema fundamental del sufrimiento. En su lugar, enseñó el Camino del Medio, posteriormente elaborado por la escuela Madhyamika, cuya actitud básica está libre de todo dogmatismo y enfoque dialéctico, con la intención de resolver los conflictos teóricos desde un punto de vista más elevado.

En cierta medida, ésta es también la aproximación de Jung a su propio trabajo y práctica. No existen teorías concretas ni métodos terapéuticos que puedan ser aplicados de forma indiscriminada, dado que cada individuo es único y vive una situación específica. Asimismo, al ayudar a los pacientes en sus conflictos y en su trayectoria hacia la individuación, Jung solía aplicar inicialmente el método de hacer aflorar a nivel consciente, observándolos objetivamente, los hechos de sus vidas interior y exterior; en una etapa posterior y utilizando la imaginación, los llevaba a un contexto más amplio, con lo cual el conflicto o dilema era transferido a un nivel superior de conciencia, y así, partiendo de lo personal, llegaba a lo transpersonal o aproximación a lo espiritual.

Tanto en el sistema junguiano como en el Tantra, se

utilizan abundantes símbolos como vehículos y medios para transformar nuestra conciencia y realidad ordinaria otorgando un valor significativo. En el budismo tántrico las imágenes simbólicas y prácticas de visualización son definidas específicamente por la tradición, aunque hay un margen de libertad para el meditador, y generalmente se estimula y fomenta la imaginación creativa. El modelo de Jung, al tener mucha menos tradición, permite ejercitar la imaginación a un nivel puramente individual y sin ningún tipo de estructura o pauta conductora, con lo cual cada uno ha de desarrollar sus propios conocimientos. Ambos enfoques conducen al Sí mismo, al centro, al corazón del mandala.

Las enseñanzas budistas y los métodos terapéuticos de Jung son invariablemente adaptados a las necesidades, condiciones y capacidades específicas de cada individuo; el guru y el terapeuta son los guías en el camino. Jamás se les considera como autoridades máximas: la psique o la mente del individuo, el único instrumento a través del cual uno experimenta la realidad, es la única autoridad. En el budismo se incita constantemente a examinar, con la propia experiencia, la validez de la enseñanza y, en consecuencia, adoptarla o rechazarla de acuerdo con nuestras propias averiguaciones. También Jung muestra un tremendo respeto por la integridad de la psique, y confía en su capacidad para funcionar de forma objetiva, cuando ésta no es interferida, y conducir al individuo hacia su verdadero destino, su propio Sí mismo.

Ambos sistemas advierten de sus riesgos e incitan al iniciado a tomar las debidas precauciones a la hora de contactar con las poderosas fuerzas internas, potencialmente disociadoras de la estructura psíquica de la personalidad. Ésta es la razón por la cual el budismo tibetano, especialmente en su forma tántrica, se ha mantenido tradicionalmente en secreto, como medida de seguridad.

En los dos sistemas las pasiones o emociones, tanto positivas como negativas, no se reprimen sino que son transformadas en la mente utilizando la misma energía que contienen.

Dentro de la obra de Jung y también en el budismo en general, particularmente en su vertiente tántrica, abundan las contradicciones y paradojas; sin embargo, ni Jung ni los budistas se interesan en ello. Se las considera maneras de ilustrar la plenitud y riqueza de la vida, diferentes formas de percibirla, algo que el lenguaje convencional, con sus limitaciones, sería incapaz de expresar.

El principal interés del Tantra es el crecimiento espiritual y la peculiaridad de este camino no es precisamente el ascetismo, sino experimentar la vida en toda su plenitud, alegría, espontaneidad y creatividad. No obstante, el punto esencial recae en la actitud mental: la motivación altruista acentuada en todo tipo de práctica budista. Tanto en el Tantra como en el modelo de Jung, lo mundano y lo espiritual son dimensiones de la vida íntimamente ligadas; de hecho, constituyen las dos caras de la misma realidad que necesitan ser reconciliadas.

En la obra de Jung, el aspecto de la compasión, el principio del Eros, no se enfatiza como en el caso del budismo tibetano, aunque sí se interesa profundamente por el destino de la humanidad y sobre todo por el ser interior. Como psicólogo y médico, sabe que únicamente podemos curarnos a través de la renuncia a las aspiraciones centradas en nuestro ego y conectándonos a un contexto más amplio de la vida. A lo largo de este proceso, en las profundidades de nuestro ser, en el nivel arquetípico donde no existe separación, nos unimos al resto de la humanidad y la compasión aparece de forma espontánea. Sin embargo, la esfera de la psicología de Jung, por necesidad, ha de abarcar menos que la del budismo, dado que éste es un sistema psicológico y ético pero que cuenta también con una base religiosa.

De todas formas, resulta obvio para mí que el Budismo tibetano y C.G. Jung, así como los alquimistas, cada uno proviniendo de su particular origen, nos están guiando, por medio de su propio lenguaje y símbolos, hacia una sabiduría universal. Se ha dicho repetidas veces que Occidente posee una gran riqueza de símbolos, por lo cual no hay necesidad de buscar otros en Oriente. Sería realmente una pena y una gran pérdida rechazar el valioso simbolismo occidental. No obstante, los símbolos orientales son refrescantes para la mente occidental, y en consecuencia poseen una mayor capacidad para inspirar y estimular la imaginación, mientras que, desgraciadamente para muchos en Occidente, nuestros símbolos se han solidificado y han perdido su significado intrínseco. El despertar del alma puede tener muchos orígenes diferentes, ¿importa realmente constatar de cuál se trata? Si verdaderamente la sabiduría última es sólo una, sea ésta descubierta en nuestra propia naturaleza de Buda, el Sí mismo o la piedra filosofal, deberíamos ser capaces de hallar, en tradiciones esotéricas aparentemente lejanas, valores que nos hablen en un lenguaje pertinente al mundo occidental. Quizás el modelo de Jung resulte preferible para algunos occidentales, pues ciertas formas y aspectos son más fácilmente adaptables a sus necesidades y estilos de vida. Otros, por el contrario, sentirán una mayor afinidad con el modelo tibetano. Y otros, incluso, no percibirán ninguna contradicción entre los dos y se enriquecerán enormemente por los tesoros que ambos generosamente ofrecen.

La llegada de los tibetanos a Occidente posiblemente signifique más que el resultado de una serie de acontecimientos históricos que empezaron con una tragedia. Percibo en este hecho tangible una manifestación más de la ley de los opuestos: el abismal deterioro de los valores morales y espirituales de nuestra civilización materialista y militarista tenía que producir su oponente para restablecer el equilibrio: la presencia de venerables seres humanos altamente realizados, procedentes del Tíbet, que descendieron de la cima del mundo a los valles del hemisferio occidental. Tal y como Jung ya había intuido y señalado, hay mucho que aprender de Oriente. Los lamas tibetanos, con su profunda sabiduría y compasivos corazones, con su conducta serena y habla apacible, tienen mucho que enseñarnos. Especialmente en sus meditaciones silenciosas, nos hablan, se comunican individualmente con cada uno de nosotros de manera directa y fuerte. Pero, por encima de todo, son símbolos vivos de los seres iluminados, de las más elevadas aspiraciones y realizaciones que el ser humano es capaz de alcanzar. Es su propia presencia entre nosotros lo que hace que la tradición tibetana en el mundo occidental sea una contribución enormemente significativa y única.

El día en que los gigantes y ruidosos pájaros de hierro trajeron a los tibetanos entre nosotros, marcó no solamente el cumplimiento de una antigua profecía: fue un momento sincrónico en el que los mundos del espíritu y la materia se unieron. Los pájaros, símbolo de la libertad, en su forma de hierro se convirtieron en vehículos de unos seres humanos extraordinarios que, en sus mentes y corazones, son portadores de la verdadera libertad espiritual en su forma viva y actualizada. Así pues, los pájaros de hierro se han unido a su opuesto espiritual.

EPÍLOGO

Comprender el budismo tántrico resulta extremadamente difícil, y más aún escribir sobre ello, dado que su base no se halla en el conocimiento intelectual sino en la experiencia individual. Lo mismo puede decirse del trabajo de Jung. Por consiguiente, soy plenamente consciente, a mi pesar, de las deficiencias, omisiones e inevitables distorsiones que un libro como éste puede contener.

Asimismo, sabía desde el principio que la tarea que me había propuesto era muy ambiciosa, teniendo en cuenta las infinitas dimensiones del tema que trata. Pero incluso mucho más: la tarea era inmensa. No había posibilidad de abarcarlo todo; tratar de transmitir lo espiritual y a la vez el aspecto dinámico, fluido y siempre cambiante, que yo he experimentado en ambos sistemas, me parecía algo totalmente irrealizable.

Por todo ello, durante largo tiempo no pude empezar a escribir. Veía perfectamente la imagen del futuro trabajo en mi visión interior, pero era incapaz de ponerlo en palabras. Entonces tuve un sueño en el que una suave voz me susurraba al oído: «el Sí mismo y Padma». El Sí mismo y Padma, los símbolos de Occidente y Oriente del desarrollo espiritual y la totalidad: mi libro no era otra cosa que esto. ¿Qué más podía añadirse? Estaba todo allí, descrito en cinco palabras breves. Pero esto no era más que el principio. Poco después, me embarqué en el viaje. Fue, en verdad, como un viaje, largo, duro y tortuoso, con algunos momentos de casi desesperación alternados con otros de gran alegría. Pronto me di cuenta de que el acto de escribir y crear este libro era como un proceso meditativo. Era también como un *opus* alquímico, empezando con la *massa confusa* y pasando por las diferentes etapas hasta la cristalización final en su esencia. A lo largo del camino, a medida que el libro iba avanzando, se manifestaba gradualmente ante mí su significado interno.

Después de dar interminables vueltas por el largo camino, perdiéndome y encontrándome repetidas veces, de forma lenta y dolorosa a veces y deambulando alegremente otras, llegué al mismo punto en el que empecé, pero esta vez el mensaje estaba grabado profundamente en mi mente y en mi alma: EL SÍ MISMO Y PADMA.

Notas

CAPÍTULO 1

1. Walpola Rahula, *What the Buddha taught*, pág. 1
2. Rahula, *Op. cit.*, págs. 45-50.
3. Lama Thubten Yeshe, «Turning the wheel», en *Wisdom Energy 2*, pág. 24.
4. Edward Conze, *Buddhism*, pág. 93.
5. Nancy Wilson Ross, *Buddhism. A way of life and thougt*, pág. 44.
6. Gampopa, *The jewel ornament of liberation*, pág. 7.
7. Charles Muses, *East-West fire; Schopenhauer's optimism and the Lankavatara Sutra*, pág. 45.
8. K. Venkata Ramanan, *Nagarjuna's philosophy*, pág. 145.
9. *Ibíd.*, pág. 299.
10. *Ibíd.*, pág. 297.
11. Tenzin Gyatso (décimo cuarto Dalai Lama), *The Buddhism of Tibet and the key to the Middle Way*, págs. 21-22.
12. Lama Thubten Zopa Rinpoche, «Los tres aspectos principales del Sendero hacia la Iluminación», en Lama Thubten Yeshe y Lama Thubten Zopa Rinpoche, *Wisdom energy*, pág. 82.
13. En Zen recibe el nombre de «mente de mono», por saltar de un lado a otro.
14. Geshe Ngawang Dhargyey, *Tibetan tradition of mental development*, pág. 58.
15. De manera significativa, en una conferencia a la que asistí, un lama equiparó el término pecado con el de confusión.
16. Lama Thubten Zopa Rinpoche, *Op. cit.*, págs. 84-86.
17. Tenzin Gyatso, *Op. cit.*, pág. 46.
18. A menudo yo misma he observado y oído a pacientes en terapia de grupo que afirman haber olvidado sus propias preocupaciones, su propio sufrimiento, mientras intentaban ayudar a otro paciente y compañero de grupo. Asimismo, en un taller experimental que dirigí en una clínica psiquiátrica, se mostraban cortometrajes de arte a esquizofrénicos y otros pacientes con enfermedades mentales graves. Me

impresionaron enormemente sus respuestas positivas, el entusiasmo e inspiración que esas películas generaron en ellos. Muchos pacientes me comentaron, incluso meses después, que esa semana en la que vieron películas marcó una diferencia significativa en sus aburridas vidas; es más, algunos incluso sintieron menos necesidad de depender de los medicamentos.

19. Lama Thubten Zopa Rinpoche, *Op. cit.*, pág. 58.
20. Lama Thubten Yeshe, «Karma and emptiness», en *Op. cit.*, pág. 52.
21. *Skandhas*, en las enseñanzas budistas, se refiere a nuestros agregados: el cuerpo, las sensaciones, las percepciones, los impulsos y emociones y los actos de conciencia.
22. Conze, *Op. cit.*, págs. 130-131.
23. *The Lankavatara Sutra*, pág. 67.
24. Geshe Ngawang Dhargyey, *Op. cit.*, pág. 29.
25. Dalai Lama, *My land and my people*, pág. 241.
26. Geshe Ngawang Dhargyey, *Op. cit.*, pág. 29.
27. Mircea Eliade, *Yoga, immortality and freedom*, pág. 202.
28. Karl Springer, «Tibetan Buddhism in the West», pág. 76.
29. Esto, una vez más, guarda estrecha relación con el hecho de que Buda enseñara a diferentes tipos de personas y utilizaba diferentes enfoques, métodos y filosofías, en concordancia con sus tendencias, gustos, temperamentos, niveles de educación y desarrollo espiritual.
30. S.B. Dasgupta, *An introduction to Tantric Buddhism*, pág. 54.
31. *Ibíd.*, pág. 145.
32. Lama Anagarika Govinda, *Foundations of Tibetan mysticism*, págs. 94-96.
33. Dasgupta, *Op. cit.*, pág. 145.
34. *Ibíd.*, pág. 146.
35. «The vow of Mahamudra», por Garmapa Rinchen Dorje, en C.A. Muses, (ed.), *Esoteric teachings of the Tibetan Tantra*, pág. 304.
36. Lama Govinda, *Op. cit.*, pág. 103.
37. *Idem.*
38. *Ibíd.*, pág. 104.
39. Dasgupta, *Op. cit.*, pág. 188.
40. *Ibíd.*, págs. 193-194.
41. Herbert Guenther, *The Tantric view of life*, pág. 37.
42. Cita en *ibíd.*, pág. 38.
43. Dasgupta, *Op. cit.*, pág. 187.
44. Giuseppe Tucci, *The theory of practice of the mandala*, pág. 78.

CAPÍTULO 2

45. C.G. Jung, *Memories, dreams, reflections*, págs. 44-45.
46. Jung, *Op. cit.*, pág. xii.
47. *Ibíd.*, pág. 222
48. *Ibíd.*, pág. 179.
49. *Ibíd.*, pág. 188.
50. *Ibíd.*, pág. 194.
51. *Ibíd.*, pág. 195.
52. *Ibíd.*, pág. 193 (cursiva de R. Moacanin).
53. *Ibíd.*, pág. 196.

54. *Idem.*
55. *Íbid.*, pág. 199.
56. *Idem.*
57. *Íbid.*, pág. 204.
58. *Idem.*
59. C.G. Jung, *Two essays on analytical psychology*, pág. 220.
60. C.G. Jung, *The archetypes and the collective unconcious*, pág. 44.
61. *Ibíd.*, pág. 42.
62. *Ibíd.*, pág. 43.
63. Jung, *The essays on analytical psychology*, pág. 66.
64. Jung, *The archetypes and the collective unconcious*, pág. 48.
65. Jung, *Two essays on analytical psychology*, pág. 67.
66. *Ibíd.*, pág. 68.
67. *Ibíd.*, pág. 238.
68. C.G. Jung, *Aion*, pág. 63.
69. C.G. Jung, «Answer to Job» en *Psychology and religion: West and East*, pág. 468.
70. Jung, *Two essays on analytical psychology*, pág. 219.
71. Jung, *The structure and dynamics of the psyche*, pág. 90.
72. *Ibíd.*, pág. 91.
73. Russell Lockhart, «Eros in language, myth and dream», pág. 66.
74. Término utilizado por Levy-Bruhl para describir la naturaleza básica de la mentalidad primitiva.
75. C.G. Jung, *Psychology and alchemy*, pág. 34. Traducción: «Nuestro oro no es el oro común.» Es el oro en el interior del ser humano, el oro en cada uno de nosotros.
76. Jung, *Psychology and alchemy*, pág. 244.
77. *Ibíd.*, pág. 312.
78. Jung, *Aion*, pág. 264.
79. C.G. Jung, *Mysterium coniunctionis*, pág. 3.
80. *Ibíd.*, págs. 106-114.
81. Los koans Zen desarrollan esta función.
82. Citado por Ralph Metzner, *Maps of conciousness*, págs. 94-95.
83. C.G. Jung, *Alchemical studies*, págs. 237-241.
84. Jung, *Mysterium coniunctionis*, pág. 63.
85. *Ibíd.*, págs. 534-540.
86. *Ibíd.*, págs. 554-556.
87. Jung, *Memories, dreams, reflections*, pág. 197.
88. Jung, *The structure and dynamics of the psyche*, pág. 520.
89. *Ibíd.*, págs. 525-526.
90. *Ibíd.*, págs. 421-422.
91. Jung, *Mysterium coniunctionis*, pág. 538.
92. Jung, *Aion*, pág. 261.

CAPÍTULO 3

93. Jung, *Memories, dreams, reflections*, pág. 124.
94. Jung, *Two essays on analytical psychology*, pág. 110.
95. C.G. Jung, *The practice of psychotherapy*, pág. 41.

96. C.G. Jung, «Comentary on The secret of the golden flower», en su libro *Psychology and the East*, pág. 18.
97. Jung, *The practice of psychotherapy*, págs. 7-8.
98. Jung, *Memories, dreams, reflections*, pág. 131.
99. Jung, «Comentary on The secret of the golden flower», págs. 18-19.
100. Jung, *The structure and dynamics of the psyche*, pág. 89.
101. Janet Dallet, «Active imagination in practice» en Murray Stein (ed.), *Jungian analysis*, pág. 182.
102. Jung, *The practice of psychotherapy*, pág. 75.
103. *Ibíd*., pág. 46.
104. *Idem*.
105. C.G. Jung, *Psychology and religion: West and East*, pág. 334.
106. Jung, *Memories, dreams, reflections*, pág. 143.
107. *Ibíd*., pág. 144.
108. Jung, *The practice of psychotherapy*, pág. 71.
109. Jung, *Mysterium coniunctionis*, pág. 528.
110. Jung, *Memories, dreams, reflections*, pág. 145.
111. Jung, *The practice of psychotherapy*, pág. 108.
112. Ira Progoff, «The man who transforms consciousness», págs. 138-139 (cursiva de R. Moacanin).
113. *Ibíd*., pág. 139.
114. *Ibíd*., págs. 139-140.
115. Anagarika Govinda, *The psychological attitude of early Buddhist philosophy*, pág. 44.
116. *Ibíd*., pág. 39.
117. Herbert Guenther y Chögyam Trungpa, *The dawn of Tantra*, pág. 47.
118. Tucci, *Op. cit*., págs. 72-73.
119. Guenther y Trungpa, *Op. cit*., pág. 47.
120. Lama Thubten Yeshe, *Silent mind, holy mind*, págs. 34-35.
121. Jung, *The practice of psychotherapy*, págs. 51-52.
122. Govinda, *Foundations of Tibetan mysticism*, pág. 27.
123. Gampopa, *Op. cit*., págs. 31-32.
124. Lama Thubten Yeshe, *Turning the wheel*, pág. 20.

CAPÍTULO 4

125. C.G. Jung, *Man and his symbols*, pág. 88.
126. Govinda, *Foundations of Tibetan mysticism*, pág. 91-92.
127. Jung, *The archetypes and the collective unconscious*, pág. 48.
128. Michael Adams, «The Benzene uroboros», págs. 149-161.
129. Erich Neumann, *The Great Mother*, págs. 332-335.
130. Govinda, *Foundations of Tibetan mysticism*, pág. 192.
131. *Ibíd*., pág. 172.
132. C.G. Jung, *Psychological types*, pág. 446.
133. Nathan Katz, «Anima and mkha'-' groma: A critical comparative study of Jung and Tibetan Buddhism», págs. 13-43.
134. Jung, *Two essays on analytical psychology*, pág. 192.
135. S.K. Ramachandra Rao, *Tibetan meditation; theory and practice*, pág. 32.
136. Jung, *Aion*, pág. 11.

137. *Ibíd.*, pág. 14.
138. Jung, *Psychology and alchemy*, pág. 13.
139. Jung, *The archetypes and the collective unconscious*, pág. 142.
140. Edward Edinger, *Ego and archetypes*, p. 102.
141. Jung, *Psychology and alchemy*, pág. 306.
142. *Ibíd.*, pág. 313.
143. W.Y. Evans-Wentz (ed.), *The Tibetan Book of the Dead*, pág. xxxvi.
144. Francesca Fremantle y Chögyam Trungpa, *The Tibetan Book of the Dead*, pág. 1.
145. *Ibíd.*, pág. 10.
146. Evans-Wentz, *Op. cit.*, pág. 11.
147. Fremantle y Trungpa, *Op. cit.*, págs. 5-10.
148. Jung, «Comentary on The secret of the golden flower», pág. 30.
149. Anagarika Govinda, *Creative meditation and multi-dimensional consciousness*, pág. 61.
150. C.G. Jung, *The psychogenesis of mental disease*, Princeton University Press, 1960, pág. 270.
151. Jung, *The archetypes and the collective unconcious*, pág. 353.

CAPÍTULO 5

152. Jung, *The structure and dynamics of the psyche*, pág. 256.
153. *Ibíd.*, pág. 350.
154. Jung, *Mysterium coniunctionis*, pág. 109.
155. Jung, *The archetypes and the collective unconscious*, pág. 283.
156. Jung, *Structure and dynamics of the psyche*, pág. 361.
157. Jung, *Aion*, pág. 165.
158. Jung, *The practice of psychotherapy*, págs. 319-320.
159. Jung, *Psychological types*, págs. 449-450.
160. Jung, *Psychology and alchemy*, pág. 137.
161. Jung, *Mysterium coniunctionis*, pág. 197.
162. Jung, *The structure and dynamics of the psyche*, pág. 349.
163. *Ibíd.*, pág. 185.
164. Jung, *The archetypes and the collective unconscious*, pág. 279.
165. Jung, *The practice of psychotherapy*, pág. 34.
166. *Ibíd.*, pág. 192.
167. Govinda, *Foundations of Tibetan mysticism*, págs. 71-77.
168. Govinda, *Creative meditation and multi-dimensional consciousness*, 30.
169. *Ibíd.*, pág. 31.
170. *The Lankavatara Sutra*, pág. 48.
171. C.G. Jung, «Septem sermones ad mortuos», en su libro *Memories, dreams, reflections*, pág. 379.
172. *Pleroma* es el término griego para «plenitud».
173. Jung, «Septem sermones ad mortuos», pág. 379.
174. *Ibíd.*, pág. 382.
175. Jung, *Memories, dreams, reflections*, pág. 269.
176. Govinda, *Foundations of Tibetan mysticism*, pág. 77.
177. Govinda, *Creative meditation and multi-dimensional consciousness*, pág. 105.

178. Fritjof Capra, *The Tao of physics*, pág. 99.
179. Cita de Beatrice Suzuki en *Impressions of Mahayana Buddhism*, pág. 48.
180. Jung, *The practice of psychotherapy*, pág. 312.
181. Jung, *Two essays on analytical psychology*, págs. 75-76.
182. *Ibíd.*, pág. 75.
183. *Ibíd.*, pág. 205.
184. Jung, *The archetypes and the collective unconscious*, pág. 382.
185. Jung, *Psychological types*, pág. 453.
186. Ramanan, *Op. cit.*, pág. 50.
187. *Ibíd.*, pág. 258.
188. *Ibíd.*, pág. 329.
189. C.G. Jung, «Foreword to Suzuki's *Introduction to Zen Buddhism*», en su libro *Psychology and the East*, pág. 154.
190. Govinda, *Creative meditation and multi-dimensional consciousness*, págs. 48-49.
191. Jung, *The structure and dynamics of the psyche*, pág. 351.
192. C.G. Jung, *Letters*, vol. 1, pág. 236.
193. *Ibíd.*, vol. 2, pág. 248.
194. Jung, *Man and his symbols*, pág. 81.
195. Jung, *Aion*, pág. 33.
196. Dhargyey, *Op. cit.*, pág. 92.
197. Jung, *The practice of psychotherapy*, págs. 7-8.
198. C.G. Jung, *Psychological analysis of Nietzsche's Zarathustra*, vol. 3 (Invierno 1935), pág. 23.
199. *Ibíd.*, pág. 4.
200. Jung, *Aion*, pág. 13.
201. Govinda, *Creative meditation and multi-dimensional consciousness*, pág. 141.
202. Miguel Serrano, *C.G. Jung and Hermann Hesse. A record of two friendships*, pág. 88.
203. Jung, *Letters*, vol. 2, pág. 314.
204. *Idem.*
205. Jung, «Commentary on The secret golden flower», pág. 56.
206. Jung, *Alchemical studies*, págs. 59-64.
207. Jung, *The practice of psychotherapy*, pág. 81.
208. Jung, «Psychological commentary on the Tibetan Book of Great Liberation», pág. 111.
209. Jung, «Commentary on The secret golden flower», pág. 13.
210. *Idem.*
211. Jung, «Psychological commentary on the Tibetan Book of Great Liberation», pág. 134.
212. Jung, *Psychology and alchemy*, págs. 99-101.
213. Jung, «Psychological commentary on the Tibetan Book of Great Liberation», pág. 120.
214. *Ibíd.*, pág. 125.
215. *Ibíd.*, págs. 132-133.
216. Ira Progoff, *The cloud of unknowing*, págs. 23-38.
217. Elaine Pagels, *The gnostic gospel*, págs. xx-xxi.
218. *Ibíd.*, págs. 149-161.

219. Citado por Pagels, *Op. cit.*, pág. 161 (cursiva de R. Moacanin).
220. Citado por Pagels, *Op. cit.*, pág. 155.
221. Jung, «Psychological commentary on The Tibetan Book of Great Liberation», pág. 112.
222. Jung, *The archetypes and the collective unconcious*, pág. 224.
223. Guenther y Trungpa, *Op. cit.*, pág. 89.
224. Erich Neumann, *The origins and history of consciousness*, pág. 322.
225. Geshe Rabten y Geshe Ngawang Dhargyey, *Advice from a spiritual friend*, pág. 65.
226. *Ibíd.*, págs. 65-66.
227. Jung, *The undiscovered self*, pág. 123.
228. Jung, *Two essays on analytical psychology*, pág. 226.
229. Jung, *The undiscovered self*, págs. 117-118.
230. Jung, «Psychological commentary on the Tibetan Book of Great Liberation», pág. 135.

Glosario

TERMINOLOGÍA BUDISTA

(A menos que se indique lo contrario, todas las palabras son sánscritas.)

alaya-vijnana: depósito de conciencia; según la escuela Cittamatra de principios budistas, la fuente de toda conciencia del ser humano.
Arhat: aquel que ha alcanzado la total liberación del sufrimiento o nirvana.
Avalokiteshvara: el Buda de la compasión.
bardo: estado intermedio entre la muerte y el renacimiento.
bodhichitta: el motivo iluminado o actitud propia de los bodhisattvas: el deseo de convertirse en un buda para beneficiar a todos los seres.
bodhisattva: ser elevado en el camino a la iluminación.
buda: ser totalmente iluminado; aquel que ha superado todas las negatividades y actualizado todas las cualidades positivas.
dakini: (en tibetano: *khadoma*) ser simbólico en forma femenina, personificación del gozo y la sabiduría y que actúa como asistente espiritual.
Dharma: enseñanzas espirituales; la doctrina de Buda; la ley universal.
iluminación: el estado de un buda, cuando toda dualidad ha sido trascendida en unidad absoluta; erradicación de todos los estados negativos de la mente y acumulación de todas las cualidades positivas.
Hinayana: escuela pionera del budismo, budismo del sur, de la cual el único sistema existente en la actualidad es el Theravada.
karma: la ley de causa y efecto; las consecuencias de nuestros pensamientos, palabras y actos en esta vida y en las futuras.
karuna: la energía de la compasión.
Mahayana: escuelas posteriores de budismo, budismo del norte.

Manjushri: el Buda de la sabiduría.
mantra: palabra sagrada, símbolo auditivo.
mudra: gesto ritual simbólico.
nirvana: el estado más allá del sufrimiento; liberación del karma, del engaño y de la constante cadena de renacimientos en el samsara.
padma: floración del loto; símbolo del desarrollo espiritual.
prajna: conocimiento supremo y sabiduría liberadora e intuitiva; principio femenino.
sadhana: ejercicio o práctica espiritual.
samadhi: estado profundo de concentración no-obstruida y unidireccional.
samsara: existencia cíclica de continuos renacimientos incontrolados en los diferentes reinos de la existencia; ciclo del continuo sufrimiento mental y físico.
satori: (japonés) otro término, en el Zen, que designa la iluminación.
skandhas: los agregados del ser humano: cuerpo, sensaciones, percepciones, impulsos y emociones, acciones de la conciencia.
sunyata: vacuidad, vacío; se dice que todo fenómeno está vacío de existencia inherente, o existencia independiente; la interdependencia de todos los fenómenos.
Tantra: las enseñanzas esotéricas de Buda que llevan rápidamente a la iluminación; los métodos y prácticas para alcanzar de forma rápida la iluminación; el Vajrayana.
Tao: (chino) el aspecto eterno del orden cósmico.
Tara: un aspecto femenino de la mente de Buda.
thangka: (tibetano) pintura sagrada normalmente realizada sobre tela en una base de brocado.
upaya: método; principio masculino.
vajra: (tibetano: *dorje*) diamante, cetro diamantino, símbolo de la indestructibilidad; el principio masculino de la acción.
Vajrayana: el «vehículo del diamante» hacia la iluminación, parte del Mahayana; escuela tántrica del budismo.
Varja Yoguini: *dakini* del nivel más elevado, representada en color rojo brillante y rodeada por un halo de llamas.
yidam: (tibetano) deidad masculina o femenina, o buda, a la que se invoca en ciertas prácticas tántricas de meditación.

TERMINOLOGÍA JUNGUIANA

anima: el aspecto femenino de la psique masculina.
anima mundi: el Alma del Mundo.

arquetipos: contenidos del inconsciente colectivo; imágenes primordiales y modelos de formación de símbolos que se repiten a lo largo de la historia de la humanidad.

ego: un cúmulo de ideas que constituye el centro de nuestra propia base de conciencia y que parece poseer un elevado grado de continuidad e identidad.

Filemón: imagen fantástica de Jung de un anciano, al que llamó Filemón, que representaba la intuición superior; para Jung era como un guru.

función trascendente: la transformación de la personalidad a partir de los contenidos conscientes e inconscientes.

inconsciente colectivo: la parte de la psique cuyos contenidos inconscientes son hereditarios y pertenecen a la humanidad en general; por contraste, el inconsciente individual comprende las experiencias que han sido reprimidas u olvidadas.

individuación: el proceso de la integración de la personalidad; la búsqueda de significado.

mandala: término sánscrito para círculo; diseño de cuadrados y círculos simbólicos.

pleroma: palabra griega para plenitud.

psique: la totalidad de todos los procesos psíquicos, conscientes e inconscientes.

Sí mismo: el centro de la personalidad, símbolo de la totalidad, el principio de orientación y significado; la culminación del desarrollo psíquico.

sincronicidad: principio de conexión acausal; conciencia significativa cuando un evento interior y exterior suceden al mismo tiempo.

Bibliografía

Adams, Michael, «The Benzene uroboros», *Spring* (1981), págs. 149-161.

Adler, Gerhard, *The living symbol*, Princeton, Princeton University Press, 1961.

Anderson, Walt, *Open secrets. A Western guide to Tibetan Buddhism*, Nueva York, Penguin Books, 1980.

Arnold, Paul, *Avec les lamas tibétains*, París, Fayard, 1970.

Avalon, Arthur, *The serpent power*, Madras, Ganesh and Co., 1950.

Baynes, H.G., *Mythology of the soul*, Londres, Methuen Co., 1940.

Bishop, Peter, «Archetypal topography», *Spring* (1981), págs. 67-76.

Blofeld, John, *Beyond the gods*, Nueva York, E.P. Dutton, 1974.

—, *The Tantric mysticism of Tibet*, Nueva York, E.P. Dutton, 1970.

Bolen, Jean, *The Tao of psychology*, San Francisco, Harper and Row, 1979.

Byles, Marie, «Vipassana meditation and psychologist Jung», *The Maha Bodhi*, vol. 68, dic. 1960, págs. 362-366.

Capra, Fritjof, *The Tao of the physics*, Boulder, Shambhala, 1975. [Traducción española: *El Tao de la física*, Carcamo, 1987.]

Chang, Chung-yuan, *Creativity and Taoism*, Nueva York, Harper and Row, 1963.

Chang C.C. Chang, *Teachings of Tibetan yoga*, Secaucus, The Citadel Press, 1963.

Conze, Edward, *Buddhism*, Londres, Faber and Faber, 1963.

Coukoulis, Peter, *Guru, psychotherapist, and Self*, Marina del Rey, DeVorss and Co., 1976.

Dasguppa, Shashi, *An introduction to Tantric Buddhism*, Calcuta, University of Calcuta, 1974.

David-Neel, Alexandra, *The secret oral teachings in Tibetan Buddhist sects*, San Francisco, City Lights Books, 1967. [Traducción española:

Las enseñanzas secretas orales del budismo tibetano, Ed. Kier, 1981.]
Dhargyey, Geshe Ngawang, *Tibetan tradition of mental development*, Dharamsala, Library of Tibetan Works and Archives, 1974.
Edinger, Edward, *Ego and archetype*, Nueva York, Penguin Books, 1973.
—, «Psychotherapy and alchemy», *Quadrant* (Verano 1978-Primavera 1980).
Eliade, Mircea, *Yoga, immortality and freedrom*, Princeton, Princeton University Press, 1969.
Evans-Wentz, W.Y. (ed.), *The Tibetan Books of the Dead*, Nueva York, Galaxy, 1960.
—, (ed.), *The Tibetan Book of the Great Liberation*, Londres, Oxford University Press, 1968.
Fierz, Heinrich, «The lambspring figures», en Hilda Kirsch (ed.), *The well-tended tree*, Nueva York, G.P. Putnam, 1971.
Fremantle, Francesca y Chögyam Trungpa, *The Tibetan Book of the Dead*, Boulder, Shambhala, 1975.
Gampopa, *The jewel ornament of liberation*, Berkeley, Shambhala, 1971.
Goleman, Daniel, «On the significance of Buddhist psychology for the West», *The Tibetan Journal*, vol. 1, n.º 2 (Abril-Junio, 1976), págs. 37-42.
Govinda, Lama Anagarika, *Foundations of Tibetan mysticism*, York Beach, Samuel Weiser, 1969. [Traducción española: *Fundamentos de la mística tibetana*, Ed. Eyras, 1980.]
—, *Creative meditation and multi-dimensional consciousness*, Wheaton, Theosophical Publishing House, 1976.
—, *The psychological attitude of early Buddhist philosophy*, Londres, Rider and Co., 1961.
Guenther, Herbert, *The Tantric view of life*, Boulder, Shambhala, 1976. [Traducción española: *Visión tántrica de la vida*, Ed. Eyras, 1982.]
—, Tibetan Buddhism in Western perspective, Emeryville, Dharma Publishing, 1977.
—, y Chögyam Trungpa, *The dawn of Tantra*, Boulder, Shambhala, 1975. [Traducción española: *El amanecer del Tantra*, Ed. Kairós, 1982.]
Gyatso, Tenzin (décimo cuarto Dalai Lama), *The Buddhism of Tibet and the key to the Middle Way*, Londres, George Allen and Unwin, 1975.
—, *A human approach to world peace*, Londres, Wisdom Publications, 1984.
—, *My land and my people*, Nueva York, Potala Corporation, 1977. [Traducción española: *Mi vida y mi pueblo*, Noguer, 1990.]
—, *The opennening of the wisdom eye and the history of the advancement of Buddhadharma in Tibet*, Bangkok, Social Sciencie Association Press, 1968.
Hesse, Herman, *Siddhartha*, Barcelona, Plaza y Janés, 1991.
Hillman, James, «Anima», *Spring* (1973).

—, «Inquiry into an image», *Spring* (1977).
—, «Further notes on images», *Spring* (1978).
—, «Therapeutic value of alchemical language», *Dragonflies* (Otoño 1978).
Hopkins, Jeffrey, *The Tantric distinction*, Londres, Wisdom Publications, 1984.
Houston, Gary, «Mandalas; ritual and functional», *The Tibetan Journal*, vol. 1, n.° 2 (Abril-Junio, 1976), págs. 47-58.
Humphreys, Christmas, *The Buddhist way of life*, Londres, George Allen and Unwin, 1980.
—, *Studies in the Middle Way*, Londres, George Allen and Unwin, 1959.
Jacobi, Jolande, *The psychology of C.G. Jung*, New Haven, Yale University Press, 1973. [Traducción española: *Psicología de C.G. Jung*, Madrid, Espasa-Calpe, 1976.]
Jaffe, Aniela (ed.), *C.G. Jung word and image*, Princeton, Princeton University Press, 1979.
Jarett, James, «Schopenhauer and Jung», *Spring* (1981).
Johnston, William, *Silent music*, Nueva York, Harper and Row, 1974.
Jung, Carl Gustav, *Aion*, Princeton, Princeton University Press, 1979.
—, *Alchemical studies*, Princeton, Princeton University Press, 1967.
—, *Analitical psychology*, Nueva York, Vintage Books, 1970.
—, «Answer to Job», en su libro *Psychology and religion: West and East*, Princeton, Princeton University Press, 1969. [Traducción española: *Psicología y religión*, Ed. Paidós, 1981.]
—, *The archetypes and the collective unconscious*, Princeton, Princeton University Press, 1969. [trad. española: *Los arquetipos e inconsciente colectivo*, Ed. Paidós Ibérica, 1991.]
—, *Letters*, 2 vols., Princeton, Princeton University Press, 1973 y 1975. [Traducción española: *Correspondencia*, Madrid, Taurus, 1978.]
—, *Man and his symbols*, Nueva York, Dell Publishing Co., 1968. [Traducción española: *El hombre y sus símbolos*, Barcelona, Biblioteca Universal Caralt, 1977.]
—, *Memories, dreams, reflections*, Nueva York, Vintage Books, 1961. [Traducción española: *Recuerdos, sueños, pensamientos*, Barcelona, Seix Barral, 1991.]
—, *Mysterium coniunctionis*, Princeton, Princeton University Press, 1977.
—, *The practice of psychotherapy*, Princeton, Princeton University Press, 1977.
—, *The practice of psychotherapy*, Princeton, Princeton University Press, 1966.
—, «Psychological commentary on Kundalini yoga», *Spring* (1975 y 1976).
—, *Psychological types*, Princeton, Princeton University Press, 1971. [Traducción española: *Tipos psicológicos*, Ed. Sudamericana, 1985.]
—, *Psychology and alchemy*, Princeton, Princeton University Press, 1980.

[Traducción española: *Psicología y alquimia*, Barcelona, Plaza y Janés, 1989.]
—, *Psychology and the East*, Princeton, Princeton University Press, 1978.
—, «Septem sermones ad mortuos», en *Memories, dreams, reflections* (ed. cit.)
—, *The structure and dynamics of the psyche*, Princeton, Princeton University Press, 1969.
—, *Two essays on analytical psychology*, Princeton, Princeton University Press, 1972.
—, *The undiscovered Self*, Nueva York, The New American Library, 1959.
—, y Shin-ichi Hisamatsu, «On the unconscious, the Self and the therapy», *Psychologia*, vol. 11 (1968), págs. 25-32.
Kaatz, Nathan, «Anima and mkha'-'groma: A critical comparative study of Jung and Tibetan Buddhism», *The Tibetan Journal*, vol. 2, n.º 3 (Otoño, 1977), págs. 13-43.
Kazantzakis, Nikos, *The saviors of god*, Nueva York, Simon and Schuster, 1969.
Lauf, Detlef, *Secret doctrines of Tibetan Books of the Dead*, Boulder, Shambala, 1977.
—, *Secret revelation of Tibetan thangkas*, Friburgo, Aurum Verlang, 1976.
Lockhart, Russell, «Eros in language, myth, and dream», *Quadrant* (Otoño 1978), págs. 41-68.
—, «Psyche in h iding», *Quadrant* (Primavera, 1980).
McDonald, Kathleen, *How to meditate*, Londres, Wisdom Publications, 1984. [Traducción española: *Aprendiendo de los lamas. Una guía para la meditación*, Ediciones Dharma, 1987.]
Merton, Thomas, *The Asian journal of Thomas Merton*, Nueva York, New Directions, 1975.
Metzner, Ralph, *Maps of conciousness*, Nueva York, Macmillan Publising Co., 1971.
Mind in Buddhist psychology, traducido al inglés por Herbert Guenther y Leslie Kawamura, Emerville, Dharma Publishing, 1975.
Miyuki, Mokusan, «A Jungian approach to the pure land practice», Ponencia presentada en el Sexto Congreso Anual de Analistas Junguianos, Silomar, California, Marzo, 1979.
Murti, T.R.V., *The central philosophy of Buddhism*, Londres, George Allen and Unwin, 1955.
Muses, Charles, *East-West Fire. Schopenhauer's optimism and The Lankavatara Sutra*, Londres, John Watkins, 1955.
—, (ed.), *Esoteric teachings of the Tibetan Tantra*, Nueva York, Altai Press, 1963.
Neumann, Erich, *The Great Mother*, Princeton, Princeton University Press, 1954.

Pagels, Elaine, *The gnostic gospel*, Nueva York, Vintage Books, 1979.
Perry, John, *The far side of madness*, Englewood Cliffs, Prentice-Hall, 1974.
—, *Roots of renewal in myth and madness*, San Francisco, Jossey-Bass, 1976.
Progroff, Ira, *The cloud of unknowing*, Nueva York, Dell Publishing Co., 1957.
—, *The death and rebirth of psychology*, Nueva York, The Julian Press, 1959.
—, *Depth psychology and modern man*, Nueva York, The Julian Press, 1956.
—, *Jung's psychology and its social meaning*, Nueva York, The Julian Press, 1969.
—, *Jung's synchronicity, and human destiny*, Nueva York, The Julian Press, 1973.
—, «The man who transforms consciousness», *Eranos Jahrbuch*, vol. XXXV (1966), págs. 99-144.
—, *The symbolic and the real*, Nueva York, The Julian Press, 1963.
Rabten Geshe y Geshe Ngwang Dhargyey, *Advice from a spiritual friend*, Londres, Wisdom Publications, 1984.
Rahula, Walpola, *What the Buddha taught*, Bedford, Gordon Fraser, 1959. [Traducción española: *Lo que el Buda enseñó*, Ed. Kier, 1974.]
Ramanan, K. Venkata, *Nagarjuna's philosophy*, Nueva York, Samuel Weiser, 1966.
Rao, S.K. Ramachandra, *Tibetan meditation; theory and practice*, Nueva Delhi, Arnold-Heinemann, 1979.
Ross, Nancy Wilson, *Buddhism. A way of life and thought*, Nueva York, Vintage Books, 1981.
—, *Three ways of Asian wisdom*, Nueva York, Simon and Schuster, 1968.
Serrano, Miguel, *C.G. Jung and Hermann Hesse. A record of two friendships*, Nueva York, Schoken Books, 1966.
Snellgrove, D.L., *The Hevajra Tantra*, Londres, Oxford University Press, 1959.
Springer, Karl, «Tibetan Buddhism in the West», *The Tibetan Journal*, vol. 1, n.º 3 (Otoño 1976), págs. 75-80.
Stein, Murray, *Jungian analysis*, La Salle, Open Court, 1982.
Suzuki, Beatrice, *Impressions of Mahayana Buddhism*, Tokio, Eastern Buddhist Society, 1940.
Suzuki, Daisez T., *Outlines of Mahayana Buddhism*, Nueva York, Schocken Books, 1963.
The Lankavatara Sutra, traducido al inglés por Daisetz T. Suzuki, Londres, Routledge and Kegan Paul, 1932.
Trungpa, Chögyam, «The Tibetan heritage of Buddhist art», *The Tibetan Journal*, vol. 1, n.º 2 (Abril-Junio 1976), págs. 5-9.

Tucci, Guiseppe, *The theory and practice of the mandala*, Nueva York, Samuel Weiser, 1970. [Traducción española: *Teoría y práctica del mandala*, Barcelona, Barral, 1974.]
Valle, Ronald y Rolf von Eckartsberg (eds.), *The metaphors of consciousness*, Nueva York, Plenum Press, 1981.
Van der Post, Laurens, *Jung and the story of our time*, Nueva York, Pantheon Books, 1975.
Vasavada Arwind, «Free-less practice and soul work», en Russell Lockhart et al., *Soul and money*, Dallas, Spring Publications, 1982.
Von Franz, Marie-Louise, *C.G. Jung. His myth in our time*, Boston, Little Brown and Co., 1975.
Wilber, Ken *The spectrum of conciousness*, Wheaton, The Theosophical Publishing House, 1982. [Traducción española: *El espectro de la conciencia*, Kairós, 1990.]
Yeshe, Lama Thubten, *Silent mind, holy mind*, Ulverston, Wisdom Culture, 1978.
— y Lama Thubten Zopa Rinpoche, *Wisdom energy*, Londres, Wisdom Publications, 1982. [Traducción española: *La energía de la sabiduría*, Ediciones Dharma, 1991.]
Yeshe, Lama Thubten, et. al., *Wisdon energy 2*, Ulverston, Wisdom Culture, 1979.
Zopa, Lama Thubten Rinpoche, *The wish-fulfilling golden sun of the Mahayana thought training*, Eudlo, Chenrezig Institute, 1977.

Índice